音楽と思索の廻廊

梅津時比古
Umezu Tokihiko

春秋社

目次

音楽と思索の廻廊

PART 1　音のイマジネーション

二〇一七年六月〜二〇二三年六月

「音のかなたへ」

PART 2　音のパースペクティヴ

「新・コンサートを読む」　二〇一七年四月〜二〇二二年三月

音楽と思索の廻廊

PART 1

音のイマジネーション

「音のかなたへ」 2017年６月〜2023年６月

勘違い

2017.6.6

勘違いは至る所にある。いや、生きることはほとんど勘違いで成り立っているとも思える。当事者は気づかないが、第三者の立場にいると、それがよく分かる。勘違いをうまく組み込むと小説や劇が面白くなるゆえんだろう。

ミュラーの詩によるシューベルトの歌曲集《水車屋の美しい娘》の話の成り行きも勘違いに満ちている。

各地の親方めぐりをして粉ひきの修業をしている青年が、川に沿って歩いている所からこの曲集は始まる。

トッパンホールの「歌曲の森」シリーズとして五月十九日に行われたナタリー・シュトゥッツマン（コントラルト）とインゲル・ゼーデルグレン（ピアノ）の演奏を聴くうちに、さまざまな想像に誘い込まれた。

深い含みのある声の響きと、心理描写の確かなピアノの音が、第一曲《さすらい》にもすでに勘違いの芽がひそんでいることをうかがわせる。快活に響く川の波や歩行のリズムを映したシューベルトの音形が、青年の高揚だけでなく、詩にはまだ登場しない親方の家の娘さんの姿すら浮かび上がらせる。「今度来る徒弟さんは、どんな人かしら？」と、華やかな会話が耳の底に聞こえるようだ。期待は勘違いに結びつく。

第五曲《仕事じまいの集いで》において、親方の下に集まった徒弟たちをねぎらい、娘さんが「おやすみなさい」と皆に就寝のあいさつをする。繰り返されるその二度目の「おやすみなさい」をシュトゥッツマンは大きく引き延ばし、青年の狂おしいほどの気持ちの高まりを反映させて歌った。「本当は僕だけに声をかけてくれたんだ」とひそかな思い込みを表すように。

おそらく互いの勘違いが交錯して恋になる。だが、娘さんのほうがすぐにそれに気づき、青年から見れば「心変わり」する。

娘さんは自らの粉ひきの出自から抜け出したかったのかもしれない。どうも狩人を好きになったようだ。それ以後、この曲集は、勘違いから生まれた悲しい幻想が響きを左右する。

青年が自分の墓を思い、これまで彼女からもらった花を全部、自分と一緒に埋めることを想像し、その墓のそばを彼女が通りがかったら、どの花もすべて再び花開いて、と願う第十八曲《しぼめる花》。ピアノと歌はともに暗く、静けさを極めた響きをたゆたわせる。しかし最後の願いに至ると、シュトゥッツマンの声からは優しさが噴き出し、ピアノもそれを押し上げて高まりに高まる。瞬間、闇の中にとりどりの花の色が浮かんだ。

「皆、勘違いする、でもそれが愛おしい」と歌っているように思えて、花びらがゆっくり開いた。

フレイレの音

2017.8.1

激しい雨が降ったかと思うと、苛烈な日差しがぶつかってきて、木々や車の屋根に付いた水玉が輝きながら転がり落ちる。街路からいくつも首を伸ばしたアガパンサスの紫の花も光の花になり、次にまた水の花になる。

今、目の前に見える花は、花の表面的な形であって、花の本質は別にある、と考えるギリシャ哲学を、教科書の中の古い考えとして記憶の片隅に退けていた。しかし、これほど天気が入れ替わり、街も空も花も見え方が千変万化すると、見えているものと見えているものの本質を別にとらえようとプラトンやアリストテレスなどが考えるのも分かるような気がする。

ネルソン・フレイレのピアノを独奏、協奏曲と続けて聴いた。リサイタル（七月四日、すみだトリフォニーホール）のプログラムはバッハ、シューマン、ヴィラ゠ロボス、ショパン。シューマン《幻想曲》の、すべてが水に濡れたような和音の中から、たゆたう旋律をフレイレの指がとらえる。それは、当てのないシューマンの愛の表現に沿っている。

一転して、ヴィラ゠ロボス《赤ちゃんの一族》から《色白の娘（陶器の人形）》《貧乏な娘（ぼろ切れの人形）》《小麦色の娘（張りぼての人形）》では、からっとした日差しが道に作り出す影のように濃淡が切り替わる。

ショパンのピアノ・ソナタ第三番ロ短調の第二楽章はまさに急流の水がはねる速さ。しかし、その水しぶきが一瞬一瞬、宙に止まって幻影を重ねる。

協奏曲は、飯守泰次郎指揮の読売日本交響楽団とのブラームスのピアノ協奏曲第二番が取り上げられた（七月七日、東京芸術劇場）。

前奏のホルンが遠い風を伝えると、ピアノが低音からゆっくりと和音を重ねて立ちのぼってくる。フレイレの音の優しさが、弱音にもかかわらず一瞬にして会場を深く包み込む。

この曲のオーケストラとピアノとの絡みには、ブラームスの内面の屈折が何重にも反映しているだろう。そこを突き進むフレイレの指は、透きとおった速さを生み出し、自己表出の濁りを切り捨ててゆく。

独奏も協奏曲も、聴いていて、存在は目に見えないものとしてあると思わざるを得なかった。フレイレの中の限りなく無に近づいてゆくものが、シューマンやヴィラ＝ロボス、ショパンなどとそれぞれに一体となる。それは、ギリシャ哲学の質料と形相という考え方に親しみを感じさせる。難しいことではなく、フレイレの音楽の本質がシューマン、ショパンという形そのものになるとしか思えないのである。

確かに、存在に触れる音を聴いた。

橋の上で

2017.9.5

小さな橋の欄干に、さまざまな色の南京錠がかかっている。光が差すと、時折、川のさざ波と鍵に同じようなきらめきが走る。

十年ほど前から、観光地の有名な橋に見かける光景だが、こんな小さな橋ではあまり見ない。ドイツ・バイロイト市内から郊外に向かう道路に沿って、少し離れて流れる川の上。

バイロイト音楽祭は毎夏、ワーグナーの楽劇を集中して上演する。世界中からワーグナーのファンが集まるため、ホテルが取りにくく、いつも中心地からかなりはずれた安宿になる。それでも小さな街なので、上演が行われる祝祭劇場には歩いて行ける。初めのころは幹線道路を歩いていたが、そのうち、川を渡って住宅街を通ったほうが近道と知った。

バイロイトの街並みは何年たっても変わらない。初めて来た三十年近く前と、目にする家のゴミ箱の位置ひとつ変わっていない。宮殿、教会、辺境伯歌劇場、ワーグナーの家……、通りを走る車が馬車になれば、そのままワーグナーの時代に戻ってしまう。

橋に南京錠がかけられるようになって、それがみるみるうちに増えたことは、バイロイトにとって大きな変化だろう。

何年か前のこと。その日は雨で、夏なのに少し寒かった。祝祭劇場へ向かう途中、橋を通りがかると、橋の中ほどに、一つの傘の下に立っている男女が見えた。青が目に残る傘で女性も青の混じる服。男性は地味なスーツ。渡ろうとすると、女性がかがんで南京錠を橋の金網に付けていた。脇をすりぬけるとき、男性がこちらを振り向いた。女性は金髪と横顔しか目に入らなかったが、一瞬、かなり年の差のあるカップルに見えた。

当日の演目は《ニュルンベルクのマイスタージンガー》（二五六頁参照）。若い町娘エヴァとの結婚をかけた歌合戦で、年取った靴屋のマイスター、ハンス・ザックスがエヴァに愛情を抱いていると分かる場面がある。理性で抑えて引くザックスを見ながら、橋の上の二人の姿が思い浮かんだ。

帰り際、おそらくそこと思われる場所を見ると、青い色の新しい鍵に二人の名前が書いてあった。小さなフロントにでんと構える安宿の女主人に話すと「鍵はいつかまとめて片付けられるらしい」とつっけんどんに答え「昔は木に名前を彫った。その木にも」と入口の広場の大きな菩提樹を指さした。

バイロイト音楽祭には同じ日程で行くので、ほぼ毎年、同じころ橋の上を歩く。あの二人の姿は二度と見かけない。今年は新しく演出される《ニュルンベルクのマイスタージンガー》の初演とあって、なんとなく気になった。偶然、今年も雨模様だった。

青い鍵はそのまま残っている。

風の色

2017.10.17

風は白いときがある。遠くから吹き渡ってくるときなどに、それを感じる。

白を秋の風に限ると、芭蕉の句〈石山の石より白し秋の風〉が浮かび上がってくる。

無論、風の色は写実ではない。しかし、この句が実感を伴うのは、うたわれた那谷寺の石が白いという事実や、中国の五行思想において秋を白と結び付ける背景もあるだろうが、何よりも「し、し、し、し」と「し」が重ねられているからではないかと思う。子音のリズムが立ち、色を呼び込んでいる。

音は視覚を含んでいる。目をあけていなくとも、音を聴けば、遠い、近い、右、左も細かく分かる。スクリャービンほど、ひとつひとつの音に色が直結して見えなくとも、そこはかとなく音から色が感じられることはある。音の生まれる状況や背景も影響してくるだろう。

たとえば、フィンランドの作曲家、シベリウスの曲には、やはり雪の白を感じることが多い。

シベリウスが百五十曲ものピアノ曲を書いていたことはあまり知られていなかったので、このほど二十曲余を録音したレイフ・オヴェ・アンスネスのCDは、どれも新曲を聴くように耳に新鮮に響いてきた。シベリウスはオーケストラ作品以上にピアノ曲では独特の作り方をしている。少なくともドイツ本流の作曲法とは無縁で、おそらく日記を書くかのように、音を書きとめていたのではないだろうか。感性のきらめきが、形にとらわれずに素直に発露され、彼独自の長い拍節法と、統合されないその場その場の和声に、自然の情景が浮かび上がる。

フレーズとともに風が吹いてくる。シベリウスのピアノ曲から、アンスネス自身、風を感じとっているのではないだろうか。

《ピアノのための五つの小品（樹木の組曲）》（Op. 75）は、フィンランドの象徴とされる樅の木など、曲ごとに樹木を題にしている。構えたところはまるでなく、聴いていると、シベリウスが森の中に、緑色の大きな暖炉を持つ山小屋風の家を作って住んでいたことを思い出す。日ごろ耳にした音をこの曲に描いているのだろう。

四曲目の《白樺の木》を聴くと、葉を落とし始めた秋の野の木が浮かぶ。中音で上下して走り回る音に葉がざわめいても、幹は低音の和音で描かれ、しっかりと動かない。あてどなく繰り返されるやわらかな音に葉の上を吹き渡る風が聞こえ、やがて音が減っていき、それだけで曲は終わる。尻切れのようだが、耳にピアノの響きが残っている。寂しい余韻の中に、ふと、まだ芽吹いていない来るべき春の緑のにおいがした。

音は色だけではなく、時に、においも連れてくる。

キャラメル

2018.1.9

「田所君がキャラメルになりました」と、小学校一年のとき、クラスの先生がおっしゃった。なんだろう？　びっくりして、女の先生の口元を見た。小学生が見ても小さいと思う小さな先生。

朝、教室に入って、すぐ先生に話を聞いたと思う。家のそばで田所君が遊んでいたら、大きなトラックがバックしてきて轢《ひ》かれた……。

黄色の箱に入ったキャラメルがひと箱ずつ配られた。今思うと、親御さんが来ていたのかもしれない。知らない女の人が泣きながら配っていた。田所君とは話したことはなかったけれど、顔や感じは覚えていた。おとなしい、しゃべらない子だった。

先生が「食べていい」と言うので、食べた。いつもの大好きなキャラメルで、甘い。

家に帰って母に「田所君がキャラメルになったんだって」と言った。今でも、大きなトラックを後ろから見ると、ときどき黄色のキャラメルの箱が結び付く。

もう半世紀も前のことで、そのことを覚えているのは何人いるだろうか。誰もいないかもしれない。でもキャラメルのせいか、少なくとも自分はまだ田所君とつながっている。

昨年末に、封筒に入った印刷はがきが届いた。喪を表す切手が目についた。卒業を今年に控えた女子大生がピアノのレッスンに向かうため道路を渡ったときダンプカーにはねられて亡くなった。

葬儀には行けなかったが、同級生たちがたくさん来ていたという。大学生であったから、これから半世紀のちにもまだ多くの人が彼女のことを覚えているかもしれない。誰かがその人のことを覚えている限り、その人はこの世に存在しているのでは、という思いがする。

ある歌劇団が新年の最初の公演を必ず《椿姫》にしているときがあった。それにつられて、自分も新年の最初に聴く曲を決めようかと考えたとき、《レクイエム》が浮かんだ。年初に《レクイエム》を演奏する音楽会はほとんどないので、録音で聴くことになる。

結局、習慣にならなかったが、時折、新年の最初に手が伸びるのはフォーレの《レクイエム》。この曲には《レクイエム》に付きものの、神が人を厳しく断罪する《怒りの日》がない。オーケストラと合唱による《入祭唱》で厳かに始まるが、徐々に合唱、声のソロが中心になり、《聖なるかな》からは、天上を思わすやわらかな弦やオルガンの弱音の中、人間の声がいつまでも漂う。優しさに満ちた響きが、死者と生者を慰める。

新年早々《レクイエム》を聴きながら、亡くなった人たちを思い返していると、晴れ渡った青空にその人たちの声がこだましているように思える。この先の一年間、その人たちとも一緒にいられる気がする。

待つ

2018.2.20

陶芸作家の吉村利美は、自作の蓋物《ふたもの》（蓋のある陶器）の姿について〈今日も口を閉じ　黙っている〉と書き残している。作品を沈黙が支配している。

一昨年の十一月に亡くなった吉村の「追想展　使者の記憶」が、創作の場を構えていた青森県弘前市で開かれた（一月十九～三十日、スペース・デネガ）。

集められたおよそ百点は、大別して蓋物、瓶《びん》、陶板に分けられる。瓶の別の形態として塔があり、蓋物の原型としてオブジェがあるのだろう。布地を思わせる静かな色合いの肌を持つそれらの、根っこは共通している。

それは、吉村の作品が訴えかけてくる〝傷〟である。初期のオブジェは石を立像のようにとらえた『賽の河原』であれ、肌色の炎に焼かれた『使者』であれ、毅然としている。

だが作家は苦しかったのであろう。『息をする箱』と題された四角の置物は、箱の中の内圧に耐えかねて上面が膨らむように側面との間に少し隙間があき、そこから絶えだえの息がもれてくるように思える。箱の上面にも側面にも泣き笑いのような傷の数々。

中期からオブジェは上下に切り裂かれて、蓋物になる。その経緯は〈オブジェは息が詰まって苦しくなる。それを蓋物にすると、楽になった〉という吉村の言葉に探れるかもしれない。閉ざされているより、切れているほうが息が出来る。しかしそれは、本来は一体であったものが、引き離されているのだ。

吉村の蓋物はどれもほぼ真ん中で分かれているので、入れ物の下部の空間も、蓋の部分の空間も共に深い。上の空間と下の空間が、互いに求め合っている。

相手を許さないことで傷ついてゆく人も、許すことで傷ついてゆく人もいる。展覧の背後に、シューベルトの最後のピアノ・ソナタが小さな音で流れていた。

静謐な作品を眺めていて、多くの穴があることに気づいた。蓋物に限らず、かたつむりや貝に同化した置物も、口のところに底の見えない穴があいている。瓶は、言うまでもなく穴がある。その小さな穴からは、たいてい底がうかがえない。陶板にも、足跡のような小さな穴が並ぶ。

吉村はあるとき「モディリアニの『編み髪の少女』を見ていると涙が出てくる」と語っていたという。その少女のほっそりとしたなで肩の線がそのまま瓶の形になっているものがあった。無論、そこに顔はない。しかし宙のどこかに瞳が思い浮かぶ。

会場に並んでいる、上に向いた多くの穴が、なにかを待っている。

吉村は先の言葉を次のように続けている。〈そのまま空《から》であれば／やがて　再び／時が灯《とも》ってくれるかも知れない〉

春が来る

2018.3.20

地図を描く前の大きな地球儀のような、白い球体が宙に浮かんでいる。球体の上半分は天空から光を浴びて、輝いている。

長い数本のロープで地上につなぎ止められているが、ロープがなくとも球体が飛んでいってしまうとは思えない。空に上がり切らず、しかし地にも落ちない。バルーン（気球）にも見えるが、あるいは宙に浮かんでいる光の幻影だろうか。

画家、野又穫《みのる》の新作展を飾る油絵十三点は、いずれもこの球体が描かれている。並んで二つ浮かんでいるものもあり、こぶのように二つがくっついているものもある（東京・佐賀町アーカイブで三〜五月）。

茫漠とした背景の空はのどかなのか、風が吹き荒れているのか、白い塊の雲がいくつもあるが、空は絵によって、緑であったり、青磁色、薄紫であったり、さまざまな色に広がっている。

下に見える野は遠く地平線を浮かび上がらせ、飛行機の着陸時の窓の下のように、あるいは車窓の遠景のように、通り過ぎてゆく一瞬の光景に思える。地平は収縮しているのか拡大しているのか、静かな胎動がある。

塔や空中に伸びる建物を多く描いてきた野又は、東北大震災以降、地面とのつながりがあやふやな、崩れそうな建物を描くことが目に付いた。

しかし今回は、細い数本のロープとはいえ、球体は地につながれている。人の姿はないが、遠くにバスや車の見えるものもあり、かすかに人の気配が感じられる。どこともなくこの油絵を包む優しさは、私たちもまた何かにつながれていると思えるからなのかもしれない。球体は、傷ついた私たちの地球が、これから再生されようとしている象徴なのだろうか。そこから新たに何かが生まれいずるのだろうか。

春が来る。

ボッティチェッリの絵『春』は、画家が題名を付けたものではないが、森の中を華やかに染める木の果実や草花が無数に描かれている。だが、なぜ画面の中心にヴィーナスが描かれているのだろうか。

ヴィーナスはルネサンス期の当時としても、もちろん、見る者に非現実を思わせたに違いない。ヴィーナスにさまざまなメッセージが込められているとするなど諸説あるが、それは春の「気」のようなものとして描かれたのではないだろうか。

傷ついた現代において、野又の描く非現実の球体が、それでもなお春の優しさを表す象徴のように思えてきた。崩れても、壊されても、もう一度、と立ちのぼってくる「気」が集まって、球体になっているのかもしれない。

画面のどこからか、春の歌が聞こえてくる気がする。

桜とヘルダーリン

2018.4.16

先月末、夕暮れの上野公園を歩いた。桜の盛り。無数の人が桜並木の方へ向かって吸い込まれてゆく。私もその一人。男も女も、さまざまな外国の人も、子ども、お年寄り、多くの笑顔、時には思い詰めたような顔も、皆一様に、歩いてゆく。

桜の通りに出ると、白い花びらの連なるマスがうねり、間に霞がたなびく。人の頭、顔の上に次々と伸ばされた手からフラッシュが光る。花と人の渦に立ち尽くす。

夕暮れの墨が水に流れるように一帯を浸し始める。木の下の宴がにぎやかになる。猥雑な言葉、アルコールの泡、残飯のにおいが鼻を突くと、桜は沈黙の度を増してくる。

桜を閉じ込めた闇の中に、花びらだけを照らすぼんぼりが浮かび上がる。振り向くと、離れた空高くにもひとつ、ぼんぼりのように見える半分欠けた月。中の赤い色の部分がしずくになって落ちてきそう。

ドイツの詩人、フリードリヒ・ヘルダーリン（一七七〇〜一八四三）の詩を思い出した。

桜の夜を描いたものではないが、〈……　ほら見て！　私たちの大地に似た月が、ひそやかに今、現れた。狂ったような夜が来る。／私たちに何の配慮もなく無数の星を引き連れて、人々に入り込んでくるあの異邦の夜は／苦しげな山並みを乗り越えて悲しく輝かしくせりあがってくる〉と、夜を描く。

この詩にドイツで歌曲ピアニスト、作曲家として活躍したヘルマン・ロイター（一九〇〇〜一九八五）が《夜》と題して曲を付けている。

深い響きから始まるピアノの音色は神秘に染められている。夜の小径を描く詩をソプラノが歌い始めると、それを裂くようにピアノの強打が繰り返され、やがてピアニッシモになるにつれ高音へのぼってゆく。そこからゆっくりと流れ落ちてくるピアノの響きは、まさに花びらが散りゆくよう。

暮れなずんでゆく歌詞に沿って悲痛に響いていた声も、「ほら見て！」と歌うころから、次第に沈黙のほうへ寄りそってゆく。そして、「悲しく輝かしくせりあがってくる」と歌われる最後、ピアノは歌から離れ、曲の構造からも離れて、まるでかかわりのない、高く、清らかな、透きとおった響きを、静かに奏でている。

精神に異変を来たし、後半生を幽閉されたヘルダーリンの詩は、その言葉の響きが音を誘うのだろうか。ほかにも多くの作曲家が曲を付けている。

それらの曲を、ソプラノの長島剛子とピアノの梅本実が「遠望」と題してCDにした。それが記憶の底に残っていたせいだろうか。宴の喧噪が高まるにつれ、静けさに惹《ひ》かれていった。

桜の夜は人を皆、狂わせる。

富山から吹く風

2018.6.4

風は野を渡ってくる。地から、空からの息のように感じられるのは、私たちの呼吸と同じく、風が膨らんだり、止まったりするからだろう。

五月の光が富山の風を透きとおらせていた。連峰の頂きを白く光らせている名残の雪が吹き降りてくるのか、風をガラスの気泡のようにきらめかせている。

オーストラリアの女性のガラス造形作家、ハリー・シュワルツロックが富山市ガラス工芸センターの招きで四月初旬に来日、富山市呉羽に滞在して制作し、「INHALE（深呼吸）」と題する個展を五月に富山市ガラス美術館で開いた。

ガラスの管の切り口だけのような小さな物から、直径十センチほどの円盤状のガラスをいくつも宙に吊るしたものまで二十点が並ぶ。ひとつひとつが透きとおった五十個ほどの円盤は、吊るす糸の長短によって全体が大きな丸い形を成す。ギャラリーの光がガラスを抜け、背景の白い壁に薄い影を作っている。

制作者がその場に居たので訊くと、造形の過程で熱したガラスに息を吹き込んで丸くなったものを少し平らにして吊るし、それらを集めた全体の形は、酸素と結合するヘモグロビンの構図にしたと言う。

「呉羽に住んで野道を歩き、息を吸い込んで、吐く。息の循環を、私と世界とのかかわり合いと感じて形にしました」

薄い影については「ガラスは実体として手でさわれるが、影のほうはさわることができない」「あなたはそこにいないのに、いるように見えるのか、いるのにいないように見えるのか分からない」と比喩で説いてくれた。確かに、ガラスと影の関係は光の当たり具合によって動き、薄くなったり濃くなったりもする。しかし決して離れることはない。人と人の循環の象徴だろうか。

吊るされているガラスがかすかに揺れるときがある。風が入ってくるようにも思えないので、こちらの息の反映か、もしくはこちらの気持ちが揺れているのだろうか。無音がかすかな響きに思えてくる。

風は地下からも吹いてくる。富山県出身の大垣美穂子が「Milky Way」シリーズの個展を開いている新宿の「KEN NAKAHASHI」は、ビルの五階にあるのに光を全く入れず、地下室としか思えない。

闇の中、FRP（ファイバー・レインフォースド・プラスチック）に無数の穴を開けた素材で造形された横たわる青年や、椅子に座る老婆、生まれたばかりの赤ちゃんの、体の内部から光が漏れ出て明滅を繰り返す。その息のリズムの光はまさにMilky Way（銀河）として宇宙に循環する。

ここでも無音がかすかな響きに聞こえる。

静けさを聴き取る

2018.7.2

ニーチェは耳について不思議なことを書いている。

〈私はまだ耳を持っているのか？　それともまだ私は耳にすぎないもので、それ以上の何ものでもないのか？〉（信太正三訳）

分かりにくい書きようだが、続けてニーチェが、深い巣窟から聞こえてくる歌と、自分に襲いかかる咆哮、脅迫とか甲高い叫びとを比べているのを見ると、ニーチェは「まだ耳を持っているのか？」と問いながら、かそけき音を聴き取りたいと望み、反対に「耳にすぎない」と嘆きながら、押し寄せる大きな音に耳を占められまい、としていることが分かる。

深い巣窟の中から立ちのぼってくる歌を聴くように、世界のかすかな音に聞き耳をたてることで、ニーチェは物事の本質に近づこうとしているのだろう。咆哮とか甲高い叫びとは、声高に叫ばれる政治的な主張やプロパガンダ、芸術においては自己顕示や大宣伝などを指すのだろう。そういう大上段から振りかざす大きな音を拒否したいというのである。

聴くことをめぐる思考だが、それは発信することと一体に違いない。たとえば音を奏《かな》でるとき、耳は聴き取ろうとしている。聴き取る音しか発信することはできない。

アルバン・ベルクのとりわけ初期の作品は、世界の音をそっと聴き取ろうとしているように思える。初期のほとんどの曲を自ら没にしてしまったベルクがわずかに残した《初期の七つの歌》。おずおずと、ひかえめに、自らの熱をもてあまさないように細心の注意を払うたたずまいが、今もそのまま息づいている。

一曲目の《夜》。夕闇に包まれた自然の光景が、異形の重なるなじめないものに見えるのか、ファゴットとクラリネットなどの上行音で不気味に始まる。そこに、暮れなずむように声が溶け込んでゆく。それは谷と夜を溶け合わせて沈んでゆく雲に沿った詩だ。

突如、月に照らされた銀嶺が浮かび上がり、「見つめよ、見つめよ」と詩は黙してゆく。深い谷の底にまたたく灯火に自らの孤独が吸い込まれる。遠くの木立からひっそりと風が吹き抜けてゆく。弦と管の弱音で、流れる夜気のなんと美しく奏でられることだろうか。この世界が静かになればなるほどさまざまな色が現れてくることが分かる。

聴きながら、夢のような孤独を見つめる。

この曲をはじめ七曲中六曲において、弦楽器やトランペットやトロンボーンなどの管楽器に、弱音器が付けられる。

今、社会が虚実取り交ぜた政治的な数々の騒音にかき乱されているとき、この静けさは、私を私に返らせてくれる。

ひとつの感情からぬけ出せないと苦しい。こだわっては状況がさらに悪化することを本人が一番分かっている。

コンテナと修道院

2018.10.22

プッチーニのオペラ三部作の第一作《外套》は、とらわれた感情に焦点を当てる。船長のミケーレ（今井俊輔）は、妻のジョルジェッタ（文屋小百合）の気持ちが自分から離れようとしているのに気づく。彼女に新しい男・ルイージ（芹澤佳通）ができたからに違いない。状況を冷静に判断するなら、彼女の中の船長のイメージを傷つけないために、すっぱり彼女から身を引いたほうがいい。醜い争いも起こらないだろう。だが彼は、無駄と分かっていながら、ジョルジェッタと愛し合って幸せであった過去の思い出を持ち出して語りかける。

九月に新国立歌劇場で上演されたミキエレット演出による二期会の舞台は、冒頭、波止場のようなコンテナ倉庫群の闇がまさに、とらわれ、うねって落ちてゆく船長の感情を体現していた。最後に船長はルイージを殺し、ジョルジェッタは波止場に立ち尽くす。そのとき背景の暗いコンテナが反転して光に満ちた修道院に変わり、ジョルジェッタは祈り続ける修道女の姿になった。第二作《修道女アンジェリカ》につなぐこの演出は息をのませる。

プッチーニの三部作の試みは必ずしも成功したとは言えず、二期会が三作続けて上演したのは最近ではむしろ珍しい。

修道院の中の陰湿ないじめすら描く《修道女アンジェリカ》は最後に奇跡の光に満ちる。修道院に入れられる前に産み落とした坊やが病死したと聞いて、アンジェリカ（文屋小百合）は苦悩の果てに自死する。今回の演出では、死に瀕したアンジェリカに、何人もの坊やの姿が幻想となって現れる。ベルトラン・ド・ビリー指揮東京フィルが恍惚感を美しく表し、歌手すべてが自然に溶け込む。

三作目は一転して、喜劇《ジャンニ・スキッキ》。亡くなった素封家の遺言通りに遺産を修道院に渡したくない親類たちの騒動が描かれる。素封家がまだ生きていることにして、ジャンニ・スキッキ（今井俊輔）を素封家に仕立て、公証人の前で遺産を親戚たちに分けると口述させる。しかし、ジャンニ・スキッキが一番高い遺産を、自分自身にと宣言する裏切りのどんでん返しで幕。そのまま終わるのかと思うと、舞台は欲にまみれた豪華な館が反転して《外套》冒頭の寂しい闇のコンテナ倉庫群に戻った。

舞台をつないだ光と闇の交錯に、死、信仰、現世が、互いを照らし出して浮かび上がる。闇のただ中に居ては闇は見えない。反対に光のただ中に居ても光は分からない。光があるから闇が見え、闇によって光が際立つ。

この三部作が人間の深みに降りていることに初めて気づいた。

昼の中の夜想曲

2018.11.5

伏し目がちの女性の視線の先は、細く流れる牛乳の白い線に向けられている。窓から光が差し込んだテーブルの明るみの上に、牛乳を持ってきて容器に注いでいる。

白い線の勢いを目で追って手首を微妙に調整し、集中しているように見える。しかし、かすかに寄せられた眉は、その行為とは別のことに半ば心を移している彼女の内面を示しているようにも見える。何を考えているのか、分からない。だがおそらくその想念が、額から手先までにうす暗いかげりをもたらせている。

フェルメールの絵画『牛乳を注ぐ女』。大きなエプロンのような青と胴衣の黄色の鮮やかな対比によって、女性の想念が絵の全体にまで広がることは阻止され、静けさの内に微妙な均衡が保たれている。

この絵に限らず、フェルメールには『リュートを調弦する女』や『地理学者』など、描かれた人物が、その場にいながらふと別の世界に入ろうとする瞬間をとらえたものが多い。

『牛乳を注ぐ女』も、日常生活から引き出される静謐なたたずまいが魅力である一方、技法を極めた画然とした美の陰に、見えない想念がゆらめいている謎にひかれる。

絵に対面していると、フォーレの曲を聴いているような感覚が湧き上がってきた。

ヨーロッパの和声をのぼりつめたフォーレの音には、なぜか和声から少しはずれた音が紛れ込むときがある。ピアノの夜想曲やヴァイオリン・ソナタ……。華やかさと静けさが同居して、不思議な色にひそやかにめくるめく。

《夜想曲》第一番変ホ短調からすでに、ホ長調とイ長調に分裂して行こうとする響きが混じり合って物憂げにそよぐ。

花の明るみを集めたような《夜想曲》第五番変ロ長調にも、美しい響きの中に、決して溶け合わない音が聞こえてきて、時に耳を撃つ。それが表面の明るさとは別に、神秘的な背後を感じさせる。フェルメールの描く女性が視線の先とは別のことを考えているように。曲の中間部の息せき切った不安はその背後から生まれくるのかもしれない。やがてすべてが溶け合い、初めの明るみが戻って、静けさに向かう。

この世の中の深みに開かれてゆく響きは、おそらくあいまいさの中にあるのだろう。表のことをしていても背後の異なる世界が見えて、どちらとも確定しがたい。昼のさなかの夜想曲のように。

そして音楽も絵画も、開かれたあと、沈黙に向かう。

［「フェルメール展」は上野の森美術館で二〇一八年十月五日から二〇一九年二月三日まで開催］

孤独ではない孤独

2018.12.17

ホールはそこで演奏会が行われていなければ、行き止まりの空間に外から多くの人が入ってきてあれやこれやしゃべる人々のたまり場である。

ポゴレリッチのピアノ・リサイタルへ行くと、開演前の雑音の中で、帽子をかぶって赤いマフラーを巻き腰にシャツか何かを無造作にくくりつけたポゴレリッチが、聞こえるか聞こえないかの音で一人、舞台上のピアノに向かって弾いていた（十二月八日、サントリーホール）。

騒音や話し声の合間から音を拾うと、当日のプログラムであるリストの《ピアノ・ソナタロ短調》の一部のようだ。

それは、たとえば渋谷の駅前の広場で誰かがグランドピアノを置いて弾いている姿にも近い。立ち止まって聴く人、一瞥《いちべつ》をくれる人、通り過ぎる人などが行き交う様が思い浮かんでくる。サントリーホールの会場でも、席に着こうとして座席番号を調べている人、呼び合っている人、あいさつを交わしている人などがうごめき交錯する。そこでピアノを弾いているポゴレリッチは、雑踏の孤独の中にいた。

それはわずかな後に開かれたコンサートにそのまま持ち込まれていた。ポゴレリッチはジャージーから黒のステージ衣装に着替えていたが、孤独な空気は身につけたままである。リストのソナタも直前から引き続く最弱音で始まった。

最近の彼はどの曲も極端に遅いテンポで弾くが、この日は速いパッセージは恐ろしく速い。求めても求めても得られないものを追い掛けて、絶望して、たたきつけるように。その後に訪れてくる救済のパッセージは反対にあまりにも遅く弾かれるために、救済が途切れ途切れにされ、崩壊し、霧散する。

後半はシューマンの《交響的練習曲》。この曲は主題と十二の練習（変奏）曲から構成されているが、出版の経緯が複雑で、特に後に出た遺作の五曲の練習曲を挿入するか、するとすればどこに入れるかが問題になる。さまざまに試みられているが、ポゴレリッチはなんと初めに遺作の五曲を弾いた。まず主題を提示するという前提が無にされる。遺作は本編と異なり、憂いが美に同化した曲想が多い。また比較的、主題から自由な変奏になっている。それらが染みいってくるうちに、徐々に徐々に主題が感じとられて、遠く浮かび上がる。

遺作の第五曲が最後の長調によって天上に響いたあと、本来の嬰ハ短調の主題が静かに聞こえてきた。すでに遺作によって、心のどこかで聴いていた主題。悲しさがかすかな懐かしさに変化した。

孤独が伝われば、それは孤独ではない。

華やかさの底に

2019.1.21

大みそか、冬ざれた箱根に行ってみた。ところどころ、新年二日、三日の箱根駅伝の準備の様子は見えるが、山の上り坂に入ると、誰もいない。くねる道の先から現れてくる車もほとんどない。日ごろ人気のある箱根に人車がないと、行方を失ったか、あるいは江戸時代に戻ったかのような感覚に襲われた。

道の両脇に続く木の枯れ枝が、桜だろうか、淡い茶色でやわらかく浮かんでいる。桜は花はなくても、虚空に問いを投げ掛けている。

山のふもと一面にすすきがうねる。日差しと風の具合によって穂先が離れればなれに光り輝く。降り立ってみると、すすきの広がった遠い先に黒い頭が二、三見え隠れしていた。背丈ほど伸びたすすきの原の中に人の歩ける道があるらしい。

この光景をどこかで知っている気がした。有名な古いイタリア映画（フランス、ソ連合作）『ひまわり』（一九七〇年、主演＝マルチェロ・マストロヤンニ、ソフィア・ローレン）。第二次世界大戦の出征で新婚直後の夫を見送った妻が、戦後、帰ってこない夫を探しにロシアへ行く。たどりついたウクライナで、一面のひまわり畑の中をさまよう。無限と孤独が溶け合っていた。

箱根も午後三時を過ぎると、にわかに曇天が迫ってきて、小雪なのか、細かい白い粒が線を描くように落ちてきた。

箱根・ポーラ美術館に入った。デュフィのよく知られた絵『パリ』の実物を見たかった。デュフィの絵はフランスでは大きな切手にされるなど人気がある。

『パリ』は朝、昼、夕、夜に分かれた縦長の四枚組の屏風である。エッフェル塔、凱旋門、サクレ・クール寺院などパリの名所を網羅して、さながら観光絵はがき。だが、赤や黄、青、緑の色が舞う華やかさの底に、透徹した寂寥が感じられる。俯瞰図のせいもあって、活況のパリに人の姿がほとんどないからでもあろう。見ていると、自分が行方不明者になった気がする。

大きなポピュラリティーを持つのに華やかさに堕してないのは、音楽ではセルゲイ・ラフマニノフのピアノ協奏曲第二番が思い浮かぶ。ピアノ協奏曲と言えばこの曲があげられるほど有名だが、陶酔を呼ぶ華やかさの陰に、思いも掛けぬほど寂しさが充満している。ラフマニノフが気力や自信を失って打ちのめされていた時期を経て作曲した経緯が如実に分かる。その絶望に与する演奏に出会うと、自分もまた、どこかで助けを求めていることに気づく。

しかし、絵にも音楽、映画、観光地にも、華やかな表に水先案内人はいない。

森の孤独の眼差し

2019.4.1

昨年、母を亡くしたからだろうか、アイヒェンドルフの詩のひとつになじめるようになった。シューマンの歌曲集《リーダークライス》（Op. 39）の第一曲目《異郷にて》のテキストになった詩である。

〈稲妻が赤く光る故郷の方から／遠く、雲が流れてくる／もう父も母も亡くなってしまい／あそこでは私を知る人もいない（後略）〉

このように始まり、〈森の孤独（Waldeinsamkeit）がざわめいている（rauschen）〉と結ばれる。rauschen はドイツの詩にはよく使われる言葉で、葉ずれの音などを表している。

詩から思い浮かんでくる情景は、人の気配のない森の中で、故郷の方角の空を見上げて思いを馳せ、自分もまたいつか静けさの中（死）に入ることを考えながら、葉ずれのざわめきを聴いている姿だろう。

シューマンの歌曲の中でも《リーダークライス》（Op. 39）は独特の位置を占めている。彼の歌曲として最も有名なものに入る《月の夜》を含みながらも、歌曲集全体に派手なところはどこにもなく、ひそやかな響きが行きわたる。少しの華やかさを持つ最終曲《春の夜》を除けば、激さず、訴えず、透きとおった視線が淡々と広がってゆく。

シューマンの多くの歌曲は、ピアノ曲と呼びたいほどピアノが光を放つが、《異郷にて》では珍しくピアノは分散和音の和声的な伴奏に徹している。しかしそれが、森に吹くゆるやかな風を表すように聞こえて、精神の奥へ分け入ってくる。

個人的な思い出を言えば、初めてドイツの音大で歌曲ピアノの指導を目の当たりにしたのがこの曲であった。今も、前奏のピアノの分散和音を聴くたびに、その時のレッスン室の白墨を思わせるかすかなにおい、不安と期待の入り交じった感覚が浮かび上がってくる。

しかしアイヒェンドルフのこの詩に関しては、稲妻など、どこか大げさに思えて、なじめなかった。父も母も亡くなったことを持ち出す一行が感傷的に思えた。

母が亡くなってしばらくして、《リーダークライス》(Op. 39) を耳にする機会があった。冒頭の《異郷にて》に反応する自分の中のざわついた感覚がなく、実感のわかなかったこの詩が、違和感なく入ってきた。

父母が亡くなったことを表す一行は、それによって、作者の世界の見方が変わったことを示唆しているのではないだろうか。ものごとに対する作者の視線が変化した、と。

私自身、自然や社会を見ていた視線に、これまで、気づかないうちに、どこか母の眼差しが含まれていたのではと、ふと思った。それが消えて、今は自分だけの視線になっている。

森の孤独という言葉が、旋律と共に体内に沈んできた。

自筆原稿からの音

2019.4.15

久しぶりに会った彼は、少し日に焼けたせいか、引き締まってたくましく見えた。

ぼろぼろに古びて茶色になった箱入りの本をこちらへ差し出した。

〝ベートーヴェン研究　小原國芳編　東京イデア書院〟

「開けてください」と短く言った。

箱から出してまず奥付を見ると、昭和二年十月二十日の発行である。

何かが挟まれていてすぐに開いてしまった頁には、〈二つに裂かれたベエトオフエン（幻想スケッチ）〉と題された高村光太郎の詩が載っていた。

〈（略）春がヴィインの空へやつて来て、／さつき窓から彼をのぞき込んだ。（略）〉

彫刻家、詩人の高村の作品の中でもよく知られた詩である。

最後を結ぶのは〈彼は二つに引き裂かれて存在を失ひ、／今こそあの超自然な静けさが忍んで来た。／オオケストラをぱたりと沈黙させる神の智慧が、／またあの窓から来たのである〉。

ここに主眼があるのだろう。高村は、二つに引き裂くものを、人から裏切られる絶望と、一人立つ歓喜として、その上で、自然を神の書物とするヨーロッパ根源の思想をベートーヴェンに見ている。

頁に挟まっているのは何か。茶色に変色した松屋製の四百字詰め原稿用紙二枚が紙のこよりで綴じてあった。青いインクで書かれた勢いのある字体で〈二つに裂かれたベエトオフエン（幻想スケッチ）〉の言葉ひとつひとつが、罫線からあふれ出ている。自筆と思われる字は、若々しい高ぶりが匂い立つ。高村のベートーヴェンに対する真摯な思いが震えている。原稿用紙に音がはねる。こよりは最愛の智恵子がよったのでは、と想像も湧く。本の印刷で「ぢつとして」とあるのが原稿では「じつとして」となっているなど違いがある。

彼の話では神田の古本屋で本を買った後、その場で頁をめくっていると原稿が出てきたとのこと。店主が慌ててすぐ鑑定士を呼んで見せると、自筆に間違いないとの結果。買い戻させて欲しいと言う店主を、支払いは済んだ、と振り切ってきたという。

彼はそれを私にくれると言う。そんな貴重なものを、と固辞したが、譲らない。

かつてレコード会社に勤めていた彼は、その後、仕事の変遷を経て、今は学生のときにアルバイトをしていた仕事に何十年ぶりかに復帰した。都内の公園にある池のボート番である。「ボートを洗うときの寒さが応えるが、毎日、沈んでゆく夕日を見ているのは至福」と言う。

自然はすなわち哲学なのだろう。高村の詩に書かれている、野にいるベートーヴェン像が重なった。

何かに打たれ、原稿付きの本を受け取った。

冬眠する街

2019.5.13

ドイツのモーゼル川沿いの町、ベルンカステル・クースには、中世の神学者、クザーヌスの生家が残っており、その一室はホールになっている。二月末にそこでシューベルトの《冬の旅》に関するゼミナールが開かれ、訪れた。

モーゼル川から山側に少し入ると、緑や赤の木組みの家や店が小さな広場の周りに建ち並び、おもちゃの中に入り込んだよう。ショーウインドーに飾ってある可愛らしい土産物やチョコレートを買おうにも、多くの店が閉まっていた。「冬眠中（Winterschlaf）」とか「三月末まで冬眠していまず」と張り紙がかかっている。

急な坂を登ると、高い塔のある城からモーゼル川や町全体を眺め渡せる。天に近いと思うほど美しい見晴しである。

城が立つ岩壁を見て、四十年も前、ケルン音大に通っていたころ、確かここの奥にある女子修道院に来たことを思い出した。音大の小オーケストラが女子修道院の春の催しに参加したときのことだ。ルクセンブルクから留学していたヴァイオリンの女の子と友達だったので、オーケストラと関係のない僕も一緒に来た。

休憩中に、その子が「チェロを弾いてみたい」と言い出して、試奏したところ、皆が「けっこういけるじゃない」と盛り上がった。ちょうどチェロが一人欠けての総合練習だったので「入ってごらん」ということに。しかし、いきなりは、やはり無理だった。

二人で修道院の中を探索していると、お花畑で修道女がお花を摘んでいた。歓声を上げてその子がお花畑のほうへ降りていった。反対側もきれいな森だったので、彼女が置いていった白いマフラーを持って僕はそちらに降りていくと、森の中には薄日が差して葉の裏がやわらかい光をまとっている。

見とれているうちに道が分からなくなってしまい、ようやく回廊を見つけて入るとその先が絶壁を伝わなければならないほど細い道。眼下にモーゼル川のきらきらした川面が遠く見える。マフラーを片手に必死で壁を伝って、もうひとつの回廊にたどり着くと、修道院の入り口につながっていた。既に引き揚げたのか、誰もいなくなっていた。

その情景を思い起こしながら修道院を探し回ったが、どこにもない。すれちがった男女に訊いても要領を得ない。

翌日、ネットで調べると、クザーヌスに関する修道院しか見つからない。まるで《冬の旅》の第十一曲《春の夢》のように、美しい花や森の思い出と、現実の凍える風景が乖離する。

この街のように自分も冬眠していたのかと、頭がふらついた。

始まりと終わり

2019.5.27

始まりと終わりはどこにあるのだろうか。世界の始まりの前は何か、世界の終わりの後はどうなるのか、子どものころからのきりのない問いは、今も解決しない。

平成が終わり、令和が始まった。改元は初めと終わりが分かりやすい。世間でにぎやかな催しが数多く行われたのもそれゆえかもしれない。まるで大みそかと新年のようであった。しかし新年について〈去年今年《こぞことし》貫く棒の如きもの〉と虚子が吟じたように、名前が変わっても実体は変わらないと見る向きも当然あるだろう。

R・シュトラウスに《あしたに！（Morgen!）》と題するよく知られた歌曲がある。マッケイの詩は〈そして明日に、陽は再び輝くだろう／そして私が行く道の上で／私たちは再びひとつになり、幸せだろう〉と、愛を嘆美する。

歌が入る前に、シュトラウスは、日差しの静かな輝きがそのまま美として響くようなピアノの長い前奏を付けている。ゆっくりとした前奏の終わりごろに歌が加わり、おだやかなフレーズが収束して前奏を終える。

以前に、ドイツで《あしたに！》を演奏する若い演奏家たちと解釈、表情づくりを話し合ったことがある。その一人のバリトン歌手、マルティンの交際相手である年取った男性医師の豪邸を練習場所に貸してもらっていた。

「この曲は音楽的に〈終わり〉から始まっている。いったん終わって、そこから始まる」と意見を述べると、マルティンは「終わったら先がない」とうなずかない。他の作曲者の似た形式の曲なども例にあげながら「終わるからこそ再び輝く明日が美しい」と重ねたが、彼は「この二人の愛に終わりはない」と少し視点を変える。

キリスト教など文化的背景から来る相違だろうか。マルティンと医師の関係はずっと終わらない、という宣言だろうか、とも考えた。他の人たちは、晩ご飯を作っている医師を手伝いに行ってしまったので、論争に終止符を打った。

夕刻とはいえまだ明るい庭のテーブルで食事になった。白いライラックの花が、空の灰色に溶け込んで透きとおっている。五月の風が枝や葉をわずかに揺らす。

口々に「美しい五月」を賛美する声を聞きながら「この五月は終わってもまた来年始まる」と言うとマルティンも同意して笑った。終わって始まるのは、終わらないことと同じ。結局、彼と自分は同じことを言っていたのかもしれない、とおかしくなった。

《あしたに！》という題名の「明日」は永遠を示唆しているのだろう。

改元も「有限」を「永遠」に転化させる機能を持つのかもしれない。

無いはずの桜

2019.6.3

いつも不意に桜はやってくる。季節が過ぎ去っていても不意にやってくる。とうに散り終わったのに、笙《しょう》の透徹した音の中に桜が見えた。響きから無数の桜の花びらがこぼれ落ちてきた。

主に雅楽で使われる笙は細い管を縦に集めた不思議な楽器だ。顔の真ん中が隠れるように当てて吹き口に息を出し入れすることで鳴らす。初めに耳に入ってくるときには小さな音が寂しく響くのに、やがてふくよかに広がる。ヨーロッパの音に慣れた耳には不協和に響くが、その雑味がいつの間にか静けさと化している。

楽器の特性もさることながら、このような感覚はその夜の笙の吹き手、宮田まゆみの醸し出すものなのかもしれない。あるいは、細川俊夫の笙のための曲がそう感じさせるのか。

下野竜也指揮の広島交響楽団が新たに始めた「ディスカバリー・シリーズ」第一回で、ベートーヴェン《交響曲第一番》と共に細川の《「雲と光」笙とオーケストラのための》(二〇〇八)が取り上げられた(五月十七日、広島・アステールプラザ)。ベートーヴェンと細川の組み合わせを全八回続ける意図は、ベートーヴェンの作品におけるその時代の変遷の刻印と、細川におけるそれを重ねることで、作曲の社会的構造を見はるかすことにあるのだろう。

《雲と光》では、かそけき響きの笙と、大音量の可能性を持つオーケストラのバランスがきめこまやかに求められる。細川自身が各部分に〈空に漂う雲〉〈影の予感〉〈雲と光〉〈暗雲と小さな嵐〉〈光の予感〉〈波と光〉〈浄化〉と題している。雲の切れ間に月の光が差してくるように笙が響く。

何回かカーテンコールで舞台に呼び戻されたあと、宮田はアンコールとして細川編曲の《サクラ》を奏した。

ゆっくりと息長く変化してゆく笙の和音の根幹の音に古謡の《サクラ》が流れるともなく流れる。笙以外は何も聞こえないことで、静けさが極まる。

そこにかすかにたゆたう古謡の旋律は、夜に宙から薄い光をあびて花びらだけが舞い降りてくる音に思えた。その音以外に聞こえないこと、笙のわずかな音に限定し、ほかの音を遮断することで、宙まで響きが行き渡って感じられる。

それは世界の見え方を示唆しているようであった。少し極端に考えると、雑多な情報を拒絶して、ひとつのものに集中してゆくほうが、ものごとが開けるのではないだろうか、と。

無いはずの桜の花びらを見ながら、多くの情報を受け入れることの無意味について反芻していた。

梅雨の晴れ間

2019.7.1

梅雨のころ、濡れた葉っぱに張り付いているかたつむりをよく見かけるが、実際には、かたつむりは水に弱いらしい。体をはみ出す、あんな大きな貝殻を背負っているのに。

しかし、大昔には水の中で生きていたのだから、背負っている貝殻もかつてはひたひたと水に浸されていたのだろう。

かたつむりが立ち止まっているように見えても、移動しているのは、失われてしまった遠い水を探し求めているのだろうか。それとも水から逃げているのだろうか。

ほとんど動くことのないかたつむりを目にすると、無駄なエネルギーを使わない代わりに、葉の上を吹き渡ってくる風を感じて、夢を見ているような気もする。

無駄なエネルギーを使わないほうがピアニストも多く夢を見ることができるのだろうか。

梅雨の晴れ間の一日、ミハイル・プレトニョフのピアノ・リサイタルが東京オペラシティで開かれた（六月十七日）。

小学生の学習曲としてもよく弾かれるベートーヴェンの簡単な《ロンド》ハ長調（Op. 51-1）を優しく弾き始め、前半のメインとなった同じベートーヴェンのピアノ・ソナタ第二十三番ヘ短調《熱情》（Op. 57）も、その延長のように、とてもゆっくりと弾く。遅々とした歩みに驚いたが、余計なことは何一つせず、無駄な化粧もしない演奏から、この曲の構成が透明な空間に浮かび上がってきた。

リスト《詩的で宗教的な調べ》(S. 173)の第七曲《葬送曲》から始まった後半は、リストの小品一色。

リストになっても、無駄をしない方針に変わりはない。リスト特有の華やかさは時に厚化粧を思わせることが多いが、プレトニョフの演奏には自己顕示が一切感じられない。それによって、曲の意味が深く伝わってくる。

《二つの演奏会用練習曲》(S. 145)の第一曲《森のざわめき》も、意図的に葉を波立たせることはなく、風もあまり吹かない。時折かすかに葉がゆれる。

この日使われていたシゲル・カワイのピアノは華麗を志向せず、しっとりと水分を含んだやわらかい音が立ちのぼる。そこから浮かび上がる旋律は、旋律というよりも、水滴が葉の上から落ちずにとどまっている姿を描いているよう。

ふくらんだり揺れたりする水の粒はレンズのようにゆがんで周りを映すのだろうか、水滴自体が森を包み込み、やがて宇宙と交信しているように聞こえてくる。

リストとプレトニョフがイメージした森のざわめきに、そっと、かたつむりの静けさも付け加えてみた。

絵のなかへ入る

2019.7.22

「印象派への旅　海運王の夢　バレル・コレクション」に展示されていたシダネルの『雪』とルノワールの『画家の庭』を見ていて、なぜか、絵のなかへ入りたくなった。季節は冬と夏の真反対で、当然、描かれている光景も異なる。

シダネルの絵は遠くから眺めれば画面一面に降りしきる雪の粉しか見えないだろう。夕闇か、暗雲が垂れ込めているのか、広場に面した建物も、石畳も薄暗いが、白い雪のヴェールがかかっている。広場の井戸を囲う屋根にはやわらかく白が積もり重なっている。左奥に、二階の窓のひとつが部屋の明かりを橙色に浮かび上がらせて近くの雪をほのかに染めているほかは、ひっそりと静まり返っている。明かりのついた窓の下は左奥へゆるやかに下る道になっているようだが、その先は暗く沈んで、見えない。

広場を歩けば足元に雪がしみ込んで冷たく濡れるに違いないが、左奥のゆるやかな坂を下って奥へ入って行きたい気持ちになる。時の止まったその光景には、わびしい要素しかないのに、雪がどこか温かい。

ルノワールの『画家の庭』は、滞在していた避暑地の庭を描いたものらしい。画面に少しのぞく青空は光に満ち、真っすぐに光を浴びた大きな丈の花や、木々の葉の何色もの緑が輝いている。明るい土の道が一本、画面中央から奥に向かう。道の右側には帽子と服を白にそろえた女性が一人、木の下に腰掛けて本を読んでいる。道の突き当たりにクリーム色の三、四階建ての細長い建物が見える。誰もいないその突き当たりを右か左へ行きたくなる。光あふれる画面は、華やかな要素しかないのに、どこかわびしさが見え隠れする。

なぜ入っていきたくなるのだろうか。入っていくと先に何があるのだろうか？　人とはすれ違うのだろうか？

思い巡らせていると、その先には過ぎ去った思い出があるような気がしてきた。過去に読んだり見たりした架空の世界をも含めて。たとえば、プルーストの『失われた時を求めて』に描かれた部屋があり、そこにマドレーヌと紅茶の香りがしている。映画『小さな恋のメロディ』の子ども二人が遊んでいる机があったり、亡き父母がいたり……。

ほの暗い展覧会場から出ると、渋谷の街の喧騒に真夏のような日差しが乱反射してまぶしい。光が強すぎて目に闇が浮かぶようにビル群の先に丸いかげりが見える。目をこらしていると、自分が絵のなかの過去にいるように思えた。

［同展は二〇一九年にBunkamura ザ・ミュージアム、静岡市美術館、広島県立美術館などで開催］

夕星の歌の声

2019.9.2

ドイツ・バイロイト音楽祭でワーグナーの《タンホイザー》を見たあと、丘の上の祝祭劇場から吐き出されるように、正装の男女の渦と共に外へ出た。今夏のドイツは暑かったが、午後十時近くになってようやく暗くなった外気が、ひんやりと肌に触れる。

斜め後ろから《タンホイザー》の中の有名な《夕星の歌》の旋律を小声で口ずさむ女の人の声がした。先ほど舞台で、清廉なヴォルフラム役のバリトンが歌ったばかりだ。死の予感を覚えつつ、片思いの相手、エリーザベトへの優しい気持ちを込めた歌はしっとりとして、一瞬、《タンホイザー》の精神と官能の闘いを忘れさせる。

どこかで聞き覚えのある気がした。振り返ると、黒いロングドレスを着た銀髪の婦人と、一瞬、互いに目が止まって、その直後、耳に残る声が記憶を呼び覚ます。声は年を取らない。

あー、と言葉にならないでいると、向こうも驚いたような顔が笑顔になり「長い間お会いしませんでした。お元気ですか?」と小声で。「何年?」と言ったきりこちらは後が出ない。前にいた連れ合いのような人が彼女の手を引っ張ったので、銀髪の下に笑顔を残して、迎えに来た車に彼女は乗り込んだ。

バイロイトには一九八六年から取材で通っている。初めのころ泊まったホテルで朝食を取っていると、給仕をしている若い女性が「きのう祝祭劇場であなたを見ました」と控えめに話しかけてきた。彼女は「チケット求む」と紙に書いて劇場近くに立っていたが結局、入手できなかったと言う。十日間の滞在で何回か話すうちに、フルートを学ぶ音大生でワーグナーが大好きなため、夏の間、ホテルでアルバイトをしていると分かった。とりわけ好きな作品を問うと、《夕星の歌》の出だしを口ずさんだ。

あるとき、食堂に置いてある新聞各紙をめくっていると、「批評を探しているの？」と近づいてきた彼女が手早く探して、何紙かに批評を見つけ、その頁を引き抜いて渡してくれた。音楽祭に来た滞在客が新聞批評を読むだろうに。物静かな彼女の思いも掛けぬ行動に驚いた。

バイロイトはホテルを取るのも至難で、翌年もその後もなかなか同じホテルを取れなかった。だいぶ後に再び泊まったが、彼女は居なかった。

今年泊まったホテルは祝祭劇場から遠い。夜気に当たりながら延々、歩いて帰った。今の彼女は裕福そうに見えたので、バイロイトを堪能しているかもしれない。

筋書きを変えてしまう今回の過激な《タンホイザー》（二〇〇頁参照）に驚いたが、耳の中には《夕星の歌》の心優しいアリアがめぐっていた。

第三のほほえみ

2019.10.12

ほほえみには二種類ある。

顔にそよ風が吹きわたるようなほほえみは、かすかに呼び掛けを含んでいるだろう。他人へ、世界へ、あるいは自分自身へ。

顔の筋肉を動かしてこしらえたほほえみは、何かに引き付けようとしているのかもしれない。隠された利害に、主張に、あるいは自分自身に。

今年の全英女子オープンに優勝したゴルファーの渋野日向子が浮かべていたほほえみは多くの人に好感をもって迎えられ〝スマイル・シンデレラ〟と話題になった。やったよー、と人に呼び掛ける喜びが自然にほおを緩ませたに違いない。

しかしあまりにも話題になってから後のほほえみは、時にどこかつらそうにも見えた。

女性を描いた肖像画には、ほほえみが目立つ。歴史的に女性の属性としてほほえみが作られ、しつけられてきたことを意味しているのだろうか。

フィンランドがロシアから自立しようとした十九世紀末、呼応するように女性画家が男性社会から自立しようとしていた。「モダン・ウーマン展～フィンランド美術を彩った女性芸術家たち」（国立西洋美術館）では、ようやく美術学校に女性が入れるようになり、素描などの技術教育も受けられるようになったものの、社会からはほぼ無視されていた当時の女性画家七人の作品が特集された。多くの魅力的な作品が含まれる会場をめぐっていて気づいたのは、八十点余の作品は、風景画よりもはるかに人物画が多く、それも自画像をも含めて女性に焦点が絞られていることだ。そこに、ほほえみがほとんどない。暗くうつむき、あるいは鼻の片側の影が強調され、または祈る少女の眼光が鋭くこちらを刺す。母が子どもを抱きかかえている姿を室内の優しい光に浮かばせたヘレン・シャルフベック（一八六二～一九四六）の『母と子』ですら、母の顔は屹然と子どもを見据えている。期せずして女性画家の作品からほほえみが消えた背景には、女性らしさの象徴としてのほほえみへの拒否があるのかもしれない。

ボートを漕いでいる若い女性がほほえむマリア・ヴィーク（一八五三～一九二八）の作品を見いだしたとき、なぜか不思議な気がした。

フランスの作曲家、オリヴィエ・メシアン（一九〇八～一九九二）に《ほほえみ》と題した管弦楽曲がある。弦楽器と木管楽器の静かな響きが少しずつ高い音に移動し、息の長い総奏になる。そのあと子どもが走り抜けるように打楽器と金管楽器が刻む音は、遊んでいる声にも、文句を言っている声にも聞こえる。再び静かな、なめらかな音の息遣いに戻り、その組み合わせの繰り返しが少しずつ変化して、やがてすべてが中庸に調和する。人間のいたずらを見ている神のほほえみのように。

自然に湧き起こるほほえみは、どこかに崇高なものを宿しているのかもしれない。

落選コンサート

2019.10.26

今日（十月二十六日）、日本音楽コンクールのピアノ部門の本選が東京オペラシティで開かれる。毎年、開演前から長蛇の列になる。以前、まだ本選が日比谷公会堂で行われていたころ、並んでいた若い細身の男性から声をかけられたことがある。「お話ししたい」と言う。

ピアノの本選の結果発表に歓声がこだまするにぎやかな時間のあと、入口で待っていた彼と近くの喫茶店に入った。本選の感想が続いたあと、コンクールへの不満を覚悟していたところ、彼が「実は落選コンサートを開きたいのです」と改まった。顔が一挙に崩れる笑顔が印象的だが、笑っていない憂鬱な顔のほうが多く、その落差が奇妙だった。「本選に残らなかった人を集めて弾いてもらうのです」。私がいぶかしげな顔をしたのだろう。慌てて「いや、ホールの人たちが困っているような、出演の若い女の子を追い掛け回す者ではありません」と、銀行員の名刺を出した。「思いついたきっかけは、パリで開かれた印象派の落選展です。マネをはじめ、パリ・サロンに落ちた人のほうが未来の大家だったわけですよね」

「ちょっと待ってください」と私も声を挟んだ。「確かに、コンクールは数日後に弾いたら入選と落選が入れ替わるかもしれません。審査員が変われば審査の視点も変わります。入選や一位は絶対ではない。しかし落選だけにスポットライトを当てると、審査が不公平、もしくは印象派のときのように審査が保守的という宣言になりませんか？」。「そこなんですよ、印象派もそうなんですけど、落選したというショックが芸術を精神的に深めると思うので、それを追いたいのです」

彼はヴァイオリンを習っていて演奏家になりたかったが、ピアノをやっていた兄が勉強も音楽も体育も何でもピカイチで、自分は何もできなくなってしまったと半生を語り始めた。その後、落選した学生に聞いてみたが、声を掛けられてはおらず、落選コンサートは開かれなかったようだ。

二度目に彼と会ったのは、十数年後、国際アマチュアピアノ・コンクールの審査員としてパリに行ったときである。ラジオ・フランスの会場で彼とばったり会って驚いた。「印象派の拠点のパリでこそ、落選コンサートが理解されると思うのです」と勢い込んで話してくれた。だが、その時も落選コンサートが開かれた形跡はなかった。

ある日、突然、「秘密の夜のコンサート」と題する案内が彼から来た。もしや落選コンサートか、何かまずいことはないだろうか、と行ってみた。会場は都心のビルの地下の小さな空間。平土間の端にピアノが置いてある。ベルが鳴ると、驚いたことに紛れもない彼自身が出てきて、ピアノの若い女性と、フランクのヴァイオリン・ソナタを弾き始めた。恐ろしく下手な演奏だったが、鬱屈した情熱の爆発は感じられた。

終わって楽屋から出てきた彼の話はこうだった。「落選コンサートはやめました。親に無視されていた自分は、兄に尽くすことで『あいつも良い弟だな』と親に認められようとしてきた。落選コンサートも、だめだった自分自身の無念を転嫁していただけと気づいたのです」

「情感が分かる演奏だった」と言うと、顔が一挙に崩れる笑顔が返ってきて、救われた。

どこから、どこへ

2019.11.9

台風が去った後も、いつまでも風が吹いていた。道の上に散乱している葉っぱや枝が風に吹かれて舞うたびに、台風一過のまぶしすぎる光に刺され、きらめく渦になる。

東京・恵比寿のMA2 Galleryで開かれていた「津上みゆき、野又穫の二人展」を見に行った（十一月二日）。このギャラリーのシリーズとして「どこか遠くへ」と題されている。

野又の『Eastbound-25』は、河口に掛かる長い弓型の橋が描かれる。海と見まごう広い水面に、橋脚の土台を兼ねて二つの島が浮いている。ひとつには東屋も付いているが、誰もいない。島の下は、透きとおった水中に柱のようなものがいくつもあり、まるで沈んでしまった過去の帝国の幻影のように見える。『Torch 7』は長いラッパを逆さまに立てた形の塔が描かれ、ラッパの朝顔の部分を上にし、地面に接している所は丸い。構造上あり得ないが、少し斜めの塔が、青空を背景に立っている。楽器で言えば指穴に当たる七つの出入り口が開いていて、受け皿のようなテラスはあるものの、その出入り口から外に出ると宙に落ちてしまうだろう。

一方、津上の『View, a slope, 10am 7 Oct 18/2019』は、紺と緑と白が、ざっくりとぶつけられている。どこか田舎の道や橋とその横に広がる緑と沼をデフォルメしたようにも思える。『View, from sangaoka, around 4pm 30 March』は、水が陸地の緑を浸食し、陸の緑が水辺を浸食しているのだろうか。そのはざまに誘い込まれる。『View, street, 7 : 40pm 8 Feb 2019』は濃厚な赤や紫、青が鬱屈した塊で塗り込められ、夜の繁華街にも見える。人っ子一人いないが、その寂しさが、温かい。

二人の作品は、緻密な表面の奥に、見えない暗い穴があいている。ゆくりなくも、かつてドイツのケルンにいたころに見た大道芸人の姿を思い出した。

歩行者天国の目抜き通りで、よれよれになった黒のシャツと黒のズボンの大きな男が小皿を前に置いてヴァイオリンを手にしていた。縮れた黒い髪をちょんまげのように結って、褐色系の肌なのか、汚れているのか、よく分からない。ヴァイオリンを弾きながら、歌うというか通らないくぐもった声で叫んでいる。歌詞はよく聴き取れないが、ヴァイオリンが恐ろしくうまい。いかにも安物の楽器なのに、テクニックはずばぬけ、フレーズに訴えるものがある。自作なのだろう、執拗に繰り返している「どこへ？（Wohin?）」という歌詞が胸を刺す。たまに皿にお金が投げ入れられてもにこりともしない。

男はひと月ほど居ただろうか。ケルン音大の学生の間でも話題になっていた。あの男はかつてB級オーケストラのコンサートマスターだったが、組織に嫌気がして放浪者になった、と一人の学生がまことしやかに話していた。その破滅が想像できる暗さと、あてどのない空気が周りに沈潜していた。話しかける勇気はなく、来し方を確かめようとも思わなかったが、どうしても気になって、何度か立ち止まって聴いた。

現れなくなってしまった後、居なくなった場所よりも、自分の中を見つめていた。

「さくらー」の「らー」

2019.11.23

誘われたとき、あまり気乗りはしなかった。趣旨は、どんなものでも、ビンでも鉛筆箱でも楽器にして楽しむコンサートということだった。同じような意図で立派に活動して、興味深いワークショップを重ねている会もあるので、二番煎じに思えた。しかし誘ってくれた人が、長年、音楽文化財団で地道に仕事をしていた人でもあったので、のぞかせてもらった。

土曜日の午後のとある公民館。入ってすぐの十畳ぐらいの部屋だろうか、板の間に毛布を何枚もひいた上に、よちよち歩きの子から、小学生、車椅子に乗ったお年寄りまで、十七、八人集まっている。色や柄の違う毛布の寄せ集めの上にさまざまな服と顔があって、色の見本市が目に飛び込んできた。楽器はというと、縦笛や公民館にずっと置かれていたらしい古びたタンバリンなど普通のものに加え、絵の具で思い思いの絵を描いた瓶の中に水を入れたもの、首から糸でつるしたお盆、段ボールの小さな箱の上にプレートを貼り付けたもの、竹の筒、ちびた鉛筆のたくさん入ったプラスチックの鉛筆箱、丸く大きく結わえた白いガーゼなど、いろいろある。

講師の先生は長めに切った青いホースを口に咥《くわ》えている。白いガーゼは何だろうと、持っていた小さな女の子に聞いてみると、振り回してくれた。しゃらしゃらと細い音がする。手伝っている保護者の女性が「割って使い済みの卵の殻が入ってます」と教えてくれた。確かに白いガーゼに透けて殻らしいものがたくさん見える。竹の筒には小豆が入っていて、傾けるとザーッと波のように音が膨らんだり静まったりした。

基本は歌。隅に置かれたアップライトのピアノで女の人が古謡《さくら》の伴奏をして皆で歌う。旋律を笛や鍵盤ハーモニカで吹く子たちもいる。先生がホースをあやつりながら吹く旋律に男の子たちが「おなら、おなら」と笑いこけた。「さくらー」の「らー」のところに来ると、皆が持っている手作り楽器を一斉に鳴らす。(さく)「らー」、(やよいの空)「はー」と語尾が伸ばされてそこにさまざまな音が加わるので、一瞬、風が吹き上がってくるように聞こえる。車椅子のおばあさんが白い壺を両手にはさんでゆるやかに揺らしているので、お手伝いの人に聞くと「息子さんのお骨が入っているそうです」と教えてくれた。「若くして亡くなった一人息子さんらしいです」。こちらの顔色を察したのか「簡単には蓋がはずれないようにしました」と加える。

目がうつろであまり周りを認識していないようなおばあさんの横で耳をそばだてると、透きとおった高音がかすかに聞こえる。「きれいな音ですね」と感心すると、お手伝いの人が「壺の中に糸でお骨を数本つるしているのですよ」と説明してくれた。それを知った次に「(さく)らー」と一斉に鳴り響いたとき、谷から桜の花びらが吹き上がって細かく渦巻く光が見えた。

もう十数年前のことである。不意に思い出して、紹介してくれた人に電話してみた。「今も続けてますよ〜」と元気な声が返ってきた。しかし、あのおばあさんは亡くなっていた。「鎌倉の海のそばの丘の上の共同墓地に眠っています」

海風が丘に吹き上げて、一斉にいろいろな楽器が鳴っている音が聞こえた。

新古今集とお弁当

2019.12.14

あるアマチュアオーケストラの演奏に、プロフェッショナルのオーケストラでは味わえないような感動を覚えたので、練習を見に行ったことがある。

練習は土日。国語の先生が指揮をし、表情づけするときも、新古今集の歌の話などをする。チャイコフスキーの《幻想序曲「ロミオとジュリエット」》の冒頭で、式子内親王の〈さりともと　待ちし月日ぞ　うつりゆく　心の花の　色にまかせて〉を取り上げていた。あまねく知られた歌ではない。「待っていても待っていてもあの人に会えない。この心の花の色は、あの人の心の花か、待つ自分の心か？　そしてこの色は？」と問う。すると不思議なことにアマチュアオーケストラの音からさまざまな色があふれ出し、それがロミオになりジュリエットになり、深く幻想的な悲しい音に染まってゆく。情熱的な国語の授業と、不思議な手品を見ている気持ちになった。

練習に使う体育館の椅子の片付けもすべて終わってから、下手なフルートの音が聞こえてきた。見ると隅でフルートの首席の年配の男性が、いつもオーケストラの椅子の配置などを手伝う若い女の子に教えている。男性はアマチュアと言っても、とても良い音の持ち主である。彼が以前に使っていた楽器をあげたらしいが、信じられないほど、彼女はひどい音を出していた。

レッスン代は先生の分のお弁当を作ってくることと聞いて笑った。次の週、思い出してお弁当をのぞかせてもらうと、質素だがきれいに詰められていて、美味しそうだった。

彼女に聞いた話の概要は「フルートを習うのが夢でした。偶然、先生を知ることになって、オーケストラの練習のあと教えてあげる、楽器もあげるって。私、縫製の見習いでお金が払えないので、ただでいいと言われたのですが、あるときお弁当を作ってきたら、とても喜んでくださったので」「小学六年のときからお父さんのお弁当作ってるんです。お母さんがいないので、朝ごはんとお弁当は私の分担。給食がなくなってからは自分のと弟二人のも作ってます。お弁当作るの好きなので、先生のを作るのも何でもないです」「同じでは悪いから先生のは野菜にお肉を巻いたり特別です」「二つ持ってくるお弁当のこと、指揮の先生にも聞かれて、同じこと話したら、指揮の先生が泣いたのでびっくりしました。それで、アルバイトで椅子の配置や片付けをやってと言われて、レッスン受けに来るだけでなくお手伝いもさせてもらっています」。

椅子の並べ方は、団員が皆、弾きやすい、と喜ぶ。「楽器のこと何も知らないので、どのくらい離れていると弓と弓がぶつからないの、とか皆さんに一から聞いてます」。練習前に、彼女が一人で小走りしながら椅子を並べているのを体育館の二階の回廊から見ていると、微調整もしないのに、舞台に見事に扇形の放射線が引かれていた。

日生劇場が舞台の裏方に光を当てるバックステージ賞を設けている。その推薦依頼が来たので、ふと思い出して彼女に連絡したところ「先生やオーケストラの皆さんに悪いです」と受け付けなかった。「今はレッスン代もお支払いしています」と嬉しそうだった。

このオーケストラが生き物のように思えて、演奏はその呼吸なのだと感じた。

ゴーシュがウィーンに

2019.12.28

宮沢賢治の『セロ弾きのゴーシュ』の冒頭に、オーケストラの練習の情景が描かれている。ゴーシュが楽団長の指揮者から激しく注意されたとき、ほかの団員は自分の楽譜をのぞき込んだり楽器を点検したり、あまり叱責に気づかないように振る舞っている。チェロを習おうとした宮沢賢治が、実際に新響（現N響）の練習を見たことが、卓抜な描写につながったのだろう。注意を受けている者以外の団員の気遣いやさまざまな感情がひしひしと伝わってくる。

これが外国のオーケストラとなると、また違う。ヴィオラの首席奏者としてイタリアとドイツのオーケストラを経験している村上淳一郎さんによると、イタリアでは指揮者が特定の奏者に注意や要望を伝えるや否や、周りの団員から「そこ、もっと歌っちゃえよー」などと奏者に応援の言葉が飛ぶという。また、首席の村上さんが何かを言おうとヴィオラパートを振り返ると、一斉に目が「さあ、何を言うのかな?」とじゃれつくように向かってきて、実際、たちどころにさまざまな言葉が返ってくる。村上さんはそれを子犬の目、と形容していた。ドイツでは、固い目が返ってきて、言われたことの合理性を各自が考えている風情。また内声を受け持つヴィオラは、主旋律を伴奏することが多いが、イタリアと違ってドイツでは、主旋律に合わせずに独自に音を刻みがちになるという。確かに複層的なドイツ音楽ではそのほうが奥行きが出るのだろう。

各国の人間性の違いは言語の違いと結びつけられがちだが、同じ言葉を用いるドイツとオーストリアでもかなり異なる。

十一月にはウィーン・フィルとベルリン・フィルの来日公演が重なる豪華なシーンが出現した。しかも、共にブルックナーの交響曲第八番ハ短調を曲目に含んでいた。ティーレマン指揮ウィーン・フィルは、各声部を大きく揺り動かすティーレマンの音楽にウィーン・フィルのやわらかな音が積み重なって、世界が多層に透けて見えた。かたやメータ指揮ベルリン・フィルは、細部まで神経を張りつめた音で、緻密で輝かしい光の交響を作り出した。対照的である（二〇八頁参照）。

しかし、両者の表現は、共に世界や生について考えることを示唆する。また、新鮮な力がみなぎっていることも共通していた。ウィーン・フィルは、団員資格をオーストリア出身の男性に限定する縛りをはずし、今回も複数の女性奏者が舞台に上がっていた。明らかに響きがふくよかになっている。ベルリン・フィルも団員の世代交代が著しい。以前よりも、弦がすべてのフレーズにこまやかな抑揚をつけて歌う。

現代では、多様性が声高に叫ばれている。個々の違いは限りなく大切だが、差異が強調されすぎると、分断にもつながりかねない。次々新しいものを買わせるために差異をひねり出す情報資本主義の思惑も隠れているだろう。

ウィーン・フィルとベルリン・フィルと、それぞれに違う道をたどっても、ブルックナーの深い構造を伝える同じ地点にたどり着く。むしろ、その同じであることに打たれる。

ふと、ゴーシュがウィーン・フィルに加わって弾くとどうなるか、と年の暮れの夢に見舞われた。

正月の青空の真上

2020.1.11

「私たちはクリスマスだけど、日本の楽しみはお正月ね」と、親しくしていた三人のドイツのおばさんは皆そう言った。一人は祖母の弟とドイツで結婚して日本に来たエルマさん。「ドイツの黒パンが食べたい」といつも言っていた。二人目は、私がケルンで「ドイツ語と日本語を教え合おう」と誘われてよくお宅にお邪魔したオルガさん。そして日本で素晴らしい歌曲ピアニストとして知り合ったカーリンさん。エルマさん以外は親族ではない。見た目もおばさんと言っては失礼だけど。

ドイツでは〝おばさん〟は特別の存在である。厳しくて、温かい。そして何でも知っている。少し前までは、電車の中でよその子どもたちをしかるおばさんを見かけた。最近では、グーグルで調べることまで「グーグルおばさん（Tante Google）に聞く」と、おばさんに見立てるそうだ。ケルンで友人がよく「おばさんの所へ行く」と言っていて、たくさんおばさんがいるなあと思ったが、それは皆、血のつながりのないおばさんたち、と後で分かった。

クリスマスまで毎日、窓をひとつずつ開けてゆくアドベンツカレンダーを初めて見たのはエルマおばさんの家。子供心に「もういくつ寝るとお正月」と同じと思った。クリスマスにも、復活祭にも、寂しくないように気遣って自宅に呼んでくれたのはオルガさん。クリスマスのときは親戚の人たちの間に入れてもらった。ブロッコリーのようなロマネスコを小さなクリスマスツリーに見立てたお手製の料理が可愛かった。復活祭のときはオルガさん夫妻が、フルトヴェングラー指揮ベルリン・フィルを聴いていかに素晴らしかったか、当時のプログラムも出して思い出を話してくれた。

オルガさんはポーランド近くから逃れてきた白系ロシアの血をひく貴族で、復活祭の料理も、ピロシキや十字架が刻印されたケーキなど手作りのものはすべてロシア風。食事が終わるとロシアのギリシャ正教の復活祭を録音した古いレコードをかけてくれた。重厚な男声合唱が徐々に高揚し、復活の瞬間、教会の鐘が乱打される。「このとき、教会の内外で皆キスし合うのよ」とオルガさんはほほえみ、ご主人が何度もうなずいた。

後にそのレコードを自分も欲しくなって探したが、どこにもなかった。日本に帰国後、レコード会社の若い社員に話したら、彼が数カ月後、黙ってテープをくれた。廃盤になっていた復活祭のそのレコードの原盤をドイツの本社に頼んで録音してくれたものだった。昨年、奥さんから彼の訃報が届いた。まだ若いのに、と絶句した。オルガさんとは帰国後も電話をしていたが、途絶えてしまった。お元気でも九十歳台だろう。

ドイツ歌曲の背景や行事などドイツ人にしか分からない実感を教えてくれて、毎年、ハートマークを描き込んだクリスマスカードをくれたカーリンさんも、昨年一月に亡くなった。雪まじりの日、教会で葬儀が行われた。十一日に一周忌ミサが行われる。

私は無宗教だが、クリスマスや正月になると、亡くなった親しかった人たちがツリーの上や正月の青空の真上に集まっておしゃべりしているように思える。悲しくも、温かい。

一月の音、二月の音

2020.1.25

一月から十二月まで、月ごとに、その月の音がする。それは行事、風物詩や自然の移り変わりによるのかもしれない。たとえば、ベートーヴェンの「第九」、あるいは「ジングルベル」の十二月の音を聴けば、誰もが慌ただしくなったり、反対に一年を振り返って静かな気持ちになったりするだろう。自然の移り変わりとしては、たとえば六月の降り続く雨の音。

一年中続いている音もある。海は、荒れているときもおだやかなときも、寄せては返す波の音とは別に、その基に低い轟音が響き続けている。子どもの頃、海辺の町、鎌倉に住んでいた私は、海が息をしている、と思った。都会の音は激しいが、いつも鳴っているわけではない。過剰に鳴ったり、全く止んだりする。呼吸をしていない。

学生時代、下田の海へ初日の出を見に行ったことがある。元日は雲が厚く、太陽が海から顔を出す瞬間は見えなかった。浜辺の見晴らし台に集まっていた人があきらめてほとんど帰った後、少し上空の雲の切れ目から、利島、小さな無人島のうどね島を包み込むように、水平線に無数の切れ目が入った橙色のカーテンが降り注いできた。翌日の二日は雲はなく、太陽が顔をのぞかせた瞬間に海は橙色に染まった。光の海を吸い上げるように太陽が海を引っ張って昇ってゆく。それとともに太陽も海も溶けて白い光に輝いた。

ランボーの詩〈ほらまた見つけた／何を／永遠を／それは太陽と溶け合う海だ〉を思い出さずにはいられない光景だった。その間、ずっと海の音が響いていた。前の日の元日は浜辺に多くの人が集まっていたのに、二日は人の姿を見かけなかった。初日の出でなければ意味がないのだろう。言うまでもなく、毎日、太陽は海から、山から、平原から、昇っているのだから、特定しなければ価値が生じないのかもしれない。限りなく続いているものに、西暦、元号、月日など、人は区切りをつけて意味づける。そのほうが、一瞬一瞬が大切に感じられるのだろう。確かに、いつも海の音はしているが、初日の出のせいか、一月の海の音は特別に思える。

二月生まれの人は世界中で最も少ない。ひと月が二十八日か二十九日しかないからだ。そのせいか二月自体が控えめに見える。自然も、ひっそりと春の予兆を告げている。残っている雪が深い地域も、春の雪がまだら模様を描く地域も。

二月の音は何だろう。東大寺「お水取り」の行事は旧暦二月（新暦三月）に行われるが、二月堂の名もあるので、闇夜に火の粉がパチパチとはぜては消える「お水取り」の音を思う人もいるだろう。私には、小さな白い花を下に向けている松雪草（スノードロップ）を描いたシューマンの歌曲《ゆきのはな》が思い浮かぶ。雪のひとひらがかすかに揺れ落ちてくるように、わずかなピアノの音が分散和音で降りてきて、短い歌がそっと繰り返される。詩はリュッケルト。

〈きのうはまだ空にひらひらと舞っていた雪が／今日は鈴のようにしたたりつらなって／ほっそりとした茎に並んでいる／ゆきのはなが静かな森で鈴を鳴らしている／何を告げているのだろう？（略）〉。二月の音は、その雪の鈴の音。

二月三十日に…

2020.2.22

二月三十日に会う約束をした。三十年以上前にさかのぼる。

ドイツ・ケルン音大に各国から来ていた学生たちに別れが近づいていた。少し年上の私と一番若い学生の一人が帰国することになっていたので、オペラや歌曲、ヴァイオリン・ソナタもある最後の病院コンサートを行う日に、何十年後かにケルンでまた会おう、と五、六人の仲間で話していた。「再会するときには劇的にしなければ」と演出家志望の男子学生が言った。フィンランドのソプラノが「ライン川に架かるケルンの長い橋を両側から歩いてきて真ん中で会いましょう」と私に言った。

病院コンサートなので、リハーサルは近くの文化会館を借りた。取りまとめるのは声楽の老教授。混声四部などで微妙にハーモニーが狂うと、批評家志望の私に声をかけ、直させる。ケルンの長い橋を思い浮かべていたからか、歌っているフィンランドのソプラノとしばしば目があった。「どっち見て歌ってるんだ！」と老教授の怒声が飛んだ。

当時、日本には病院コンサートはあまりなかったので、ドイツでよく行われているこの催しに意義を感じた。オペラが日常茶飯で極めて音楽好きのドイツ人が入院して、コンサートに行けないのはつらいだろう。学生のオペラアリアやピアノ独奏に点滴を受けながら頭を振って聴いている姿を見ると、心打たれた。

打ち上げのとき、「いつ？」と再会の話題に戻った。フィンランドのソプラノが私に「二月三十日に」とはっきり言う。日付にびっくりして、彼女に確かめた。留学生たちの語学力は千差万別で、ドイツ人のように話す学生もいれば（ドイツ人から見ればそうではないだろうが）、つっかえながらの片言の人もいる。勝手に思い違いで事が進んだり、思わぬ誤解に後で気づいたりする。

頭の中で一月と三月には三十日があるはず、と確かめながら、「一月三十日ではなくて？」と聞き返した。「二月よ。フィンランドには昔、二月三十日があったの」。イタリアのテノールが「宗教暦にもあった」と言う。ドイツ人の学生が「３６５を12で割れば30.4166… だから、28の月を作る必要はない」。ルクセンブルクの女子学生が「長短あったほうがきれい」。いろいろな意見が出た。日本の旧暦にはあったのか、と考えたが分からない。よく言われるが外国へ行くと自分がいかに日本を知らないか、突きつけられる。フィンランドの彼女が「昔、祖母が読んだ小説に、離ればなれになった恋人が二月三十日に出会う小説があったのですって」と中音域が少し鼻にかかる声で言う。

皆で文化会館のほうへ行くと、近くの池の氷が溶けかけていた。誰かが氷の上にボートがあるのを見つけて乗ると、バリバリと氷が割れた。面白がってイタリア、ドイツ、ルクセンブルクの三人が乗って漕ぎ出した。漕ぐたびに氷が割れる音と笑い声が夜の池に広がる。

「島を回ってくる」と遠ざかって、島の向こう側に入ると不思議なぐらい音が聞こえなくなった。池の縁に残っていた三人も黙ってしまった。満天の星がこうこうと輝いていた。

現在に至るまで、二月三十日は来ていない。

見ることで浮かぶ

2020.3.14

子どものときから、地元の鎌倉と逗子の間の小坪トンネルに出る幽霊の話をさんざん聞かされてきた。トンネルの山の上に火葬場があるからだろう。タクシーが空車で走っていると小坪トンネルでいつの間にか後部座席に若い女の幽霊が乗っているという。運転手が恐怖のあまりスピードを上げて鎌倉市街に入ると後部座席から消えているらしい。川端康成の短編『無言』にもそのままの話が出ている。この若い女の幽霊の話は昔から定着しているようだ。

『無言』は、倒れて言葉が話せなくなった老作家の大宮を後輩の作家の三田が見舞いに行く話である。大宮は逗子の自宅で療養していて娘の富子が一人で面倒を見ている。相手が話すことを大宮はすべて分かる。自分から話せなくとも、字を指し示すことぐらいはできるはずだが、大宮はなぜか言葉を一切断ち切っている。

アレクサンドル・デスプラが台本、作曲、指揮を受け持って『無言』をフランス語による室内オペラに置き換えた《サイレンス》が神奈川県立音楽堂で上演された（一月二十五日）。道具類のあまりない簡素な舞台に、三田（バリトンのロマン・ボクレー）と富子（ソプラノのジュディット・ファー）が影絵のように歩き、対面し、歌う。日本語の字幕が出て、背後にはタクシーのバックミラーや大宮の年老いた目の周りだけの映像が時折写る。ルクセンブルクのアンサンブル・ルシリンが演奏する静かな響きは、劇音楽の情景描写と無調の現代音楽のはざまにある。

省略はあるものの室内オペラは原作と違えずに、一種の劇中劇をはさみつつ進む。それは、大宮に弟子入りしようとした青年が精神を病んで入院したことを聞き、大宮が書いたとされる小説だ。入院した青年が白紙の原稿用紙の束に小説を書いたつもりになり、見舞いに来る母に音読するようにせがむ場面を、大宮は創作した。母は無い文字を見ながら青年の育ってきた過程を小説として語り続ける。その小説は青年が書いたものか母が書いたものか。そこに来ると、舞台を見ていても原作を読んでいても、受け取る側の私もその小説の作者のような気がしてくる。

三田は、青年と母の物語になぞらえて、富子に、言葉を失った大宮の過去の恋愛を書くように勧める。そうした進行も原作通りだ。

一カ所違うところがある。三田が富子に、大宮の恋愛を書くように求めたとき、大宮の目が動いて三田と富子の二人に向けられる映像が写る。この一瞬によって、観客はふと、大宮が何かに気づいた、と感じ、三田と富子の間には恋愛感情に近いものが交わされているのでは、と想像する。視線によってそのような状況が浮かび上がるとも言える。一読ではなかなか読み取れない原作の奥行きに誘導される。視線が向けられることによって事実が生まれてくる、見られることによって世界が生起することは、『無言』の秘めた主題だろう。

原作と同じように帰りのタクシーで女の幽霊が出るところで終幕になる。運転手には女の幽霊が見えるが、三田には見えない。

見ることによって事実は生起することの逆説的な象徴として、幽霊はいつも居るのかもしれない。

楽器が教えてくれる

2020.3.28

アメリカのヴァイオリニストのジョシュア・ベルが初めて名器ストラディヴァリウスを弾いたときの感動を「楽器が僕に教えてくれる」と語っていた。

「名器は僕の弾き方をすぐに理解して、でもこういう弾き方のほうがいい、ここはこのような音も出せる、とリードする。楽器自体にこれまで接してきた名手の音楽が積み重なっているのだろう。弾いていると、技術面だけでなく、深い音楽的な発見をもたらせてくれる」と分析していた。名器に魅せられた彼は入れ替えを重ねて現在、三台目のストラディヴァリウスを弾いている。

楽器に関して、基本的には、弘法筆を選ばず、という言い方は成り立たない。いかなる名手でも悪い楽器で弾いた場合は十分に実力は発揮できない。しかし、録音でしか聴いたことはないが、神童と言われた渡辺茂夫が昭和二十年代に子供用の楽器で演奏した記録は、信じられないほど美しく神々しい音を響かせていた。そこが楽器の不思議なところでもある。奏者が愛して、一体となっている楽器ならば、その奏者が弾くときに名器になる場合もあるのだろう。人との出会いに似ている。

ヨーロッパにも留学していたある女性ヴァイオリニストが病気で亡くなった。絶えず弾いていた楽器を、遺された母親が娘の母校の若い学生に活用してほしいと、寄贈の申し出をしたときに立ち会った。彼女を知っている人たちに聞いてみると、笑顔の明るい、誰もが好意を持ってしまう人で、特にモーツァルトは絶品だった、と思い出がいくつも語られた。

　楽器はイタリアの古い名器である。金額的に大変な思いをして購入したと聞いたが、寄贈となると学校の資産として正確に記録しなければならない。鑑定書も付いていたが、学校で内々に新たな鑑定依頼をするとのことだった。その結果、二束三文、の答えが返ってきた。イタリアで作られたことは間違いないが、銘を偽造した贋作であった。査定価格は言わずに、「お嬢様の思い出に大切になさってください」と返すことになった。

　返すまでは、特別室の広いテーブルに一台だけ置いてあった。部屋に入って、調弦し、音を出してみた。長い間、弾かれていなかったようで、病気の長さがしのばれた。弓の毛につける松ヤニもなく、かさかさした音がした。だが、すぐに、しっとりした感じになった。確かにモーツァルトが合いそうな、明るい純粋な音がする。コンクールなどさまざまな場面で共に喜怒哀楽を重ねてきた楽器だろう。彼女の短い生に思いを馳せた。

　鑑定のためにむき出しで置かれていた楽器を、母親が持ってきた元のケースに戻そうと思った。内側に欧米の演奏家のサインがいくつも書いてある綺麗なケースを持って、夜、もう一度特別室へ向かうと、私が弾いたときよりはるかに美しいヴァイオリンの音がドアを通してもれ聞こえていた。ノックして入ると、誰もおらず、楽器は元のまま置かれていた。

　思いを馳せているうちに自分の耳の中で聴いている気がしただけなのだろう。それは楽器が記憶している音であったのかもしれない。

　これも間違いなく名器だ、と思った。

夕暮れに浮かぶ花

2020.4.25

夕暮れ時は花が美しい。

しのび寄る影にすべてが溶け込んで花弁だけが浮かび上がるからだろうか。花の色は、やがてかすかになって遠のいてゆく。

小学校の二年か三年のとき、同じクラスのパン屋の男の子に誘われて、放課後、家に遊びに行った。店の裏のほうが家になっていた。何をして遊んだのか覚えていないが、その子が「お母さんのところへ行こう」と言った。なぜか、店のほうへ行けばお母さんがパンを売っていて、そこでパンを食べさせてもらえるのかな、と浅ましいことを思い浮かべた。

ところがその子が向かったのは、近くの病院だった。小さな病院だったと思う。白い病室のベッドでその子のお母さんが枕の上に顔を出していた。髪が顔の両脇に長かった。たくさんしゃべる子なのに、病室に入ると、おとなしくなった。ベッドの手すりを手のひらでこすって、周りを回っている。お母さんも、何も言わない。

僕も何もすることがなく、黙って立っていた。もしかすると、お母さんはその友だちに一言か二言話して、友だちも一言か二言返事したような気もする。その子が病室を出たので僕も出た。

病院の玄関の横が庭のようになっていて、二本の木の白い花とピンクの花が夕方にぼんやり溶けていた。その情景だけが後になっても何度も思い浮かぶ。

病院を出たところで、その子と別れた。

その後、不思議なことにその子と遊んだ覚えがない。もともといつも遊んでいる子ではなかったが、そのときだけ誘われたのだ。

直後であったか、少したってからであったか、その子のお母さんが亡くなった、と聞いた。

成長してから、イギリスの昔のコントラルト（女性の低い声）歌手、キャスリーン・フェリアが歌うイギリス民謡集の録音で、イングランドの古い歌《吹けよ風よ南風よ》を聴いた。

海の向こうにいる愛しい人に、南風に乗って戻ってきて、と願う歌である。ひとり口ずさんでいるような、衒《てら》いのない歌い方。大気に消えゆくような優しい旋律に、なぜか、病院の脇の二本の木の、白い花とピンクの花が夕方にぼんやり溶けている情景が思い浮かんだ。

今またそれを思い出したのは、イギリスの新進チェリスト、シェク・カネー＝メイソンがこのほど出したＣＤで、チェロ用に編曲したこの歌を演奏しているのを聴いたからである。やわらかな音が体にしみてきた。その子は、何かがこわくて、一人ではお母さんのところへ行けなかったのかもしれない。お母さんは、ほほえんでいたのだろう。

カネー＝メイソンが夕暮れに浮かぶ花を思い浮かべることはないだろうが、やはり、フェリアの歌になにかが心に残ったのかもしれない。ゆくりなくもさまざまに音楽がつながってゆく。

今、友だちがどうしているかは知らない。少なくとも、病院を出たところの木の花など覚えていないだろう。

ゴミ捨て場のモーツァルト

2020.5.23

ベルリンやパリやヨーロッパの中心都市の石畳に、人っ子一人居ない映像が何度もテレビに映し出された。新型コロナ感染の危険に対処するため、かつて私も歩いたこれらの都市から、人が消えた。続いて映った教会にも誰も居なかった。外出禁止になる前日には、ここで何人が歌を歌っていただろうか？　と思った。

かつて都市には、ドストエフスキーが描いたような、手記を書いている地下生活者が隠れていた。人が何を考えているか分からないことの象徴であろう。彼は都会の群衆の中にあっても、孤絶している。自分はちっぽけな虫けらにもなれなかったと自己を誹謗し、しかるに、自分だけが知っている真実をもし口にするならばたちどころに世界が凍り付くだろうと思い込み、それでいて自分の周りの日常にはこだわり、自分が一杯のお茶を飲むためなら世界など滅んでもいい、とうそぶく。

地下生活者でなくとも、今は、誰も、どこにも隠れおおせる場がない。○月○日には大阪から東京に何人が移動してそれぞれどこへ行った、あるいは、○月○日の銀座の人出は○月○日の○パーセントである、など誰がどこで何をしているかすべて見られている。ＳＮＳでどの画面を開けているか把握され、何を考えているかも読み取られる。全員がマスクをして顔が分かりにくくなったのとは裏腹に、個人のデータは完璧につかまれる。

かつて全国民のデータを掌握するのは一党独裁の強権、と民主主義から批判された。しかし中国の新型コロナウイルス感染の対応の仕方が役立つのを見て、欧米もそれにならった。その過程で、グローバルな巨大IT企業がすべての個人データを押さえていることも改めて分かった。

現代のデータ力をもってすれば、外出禁止になる前日に、教会で何人が歌を歌っていたか分かるだろう。キリストが生まれた前日に何人が歌を歌っていたかすら分かるかもしれない。世界はデータで管理されている。

朝、ゴミを捨てに行って、一冊ずつ深緑のしっかりした箱に入った世界文学全集が何冊も積み上げられ、捨てられているのを見た。『嵐が丘』『罪と罰』などの題名が懐かしい。ベートーヴェン《運命》、モーツァルト《レクイエム》などのLPも立てかけられていたから、かなり古い人の持ち物であったのだろう。引っ越したのだろうか？　すぐ焼却されるところに捨てられたのを見ると、考えたくはないが、新型コロナウイルスに感染して亡くなったのかもしれないとの想像もよぎる。本から少し離れたが、去りがたい。

捨てられた本とLPの持ち主の内には、おそらく、読んだ言葉、聴いた音が広がっていたに違いない。読んだ話について誰かに語っていたとすれば、その誰かの中にも世界は広がっていたと想像が膨らむ。人の何を考えているか分からない内面がいとおしい。本の持ち主の心の中に残っていたものが知りたい。

立ち尽くしていると、ゴミにまみれたLPからモーツァルトの《レクイエム》の音が湧き上がってくる気がした。映像で見た誰もいない教会の伽藍の天井高くにまで、合唱が響きわたった。

「ソからド」だけで

2020.6.27

あるヴァイオリニストからのメールの最後に、ソからドと弾いて、それだけで不意に涙がにじんだ、とあった。ソとドでこんなにも感動するなんて、コロナ騒動でかつえていたからかもしれません、と書き添えてあった。コロナ禍で、演奏家は演奏会で弾けず、先生も生徒も対面レッスンもできず、私たちも演奏会を聴けない。実際に目の前で生まれる良い音、良い音楽から、私たちは限りなく遠ざけられた。

メールでは曲も何も分からなかったが、ソとドのつながりから、ふとパガニーニの《モーゼ幻想曲》が思い浮かんだ。ピアノのハ短調の分散和音の上に、ヴァイオリンが一番低いG線のソからドを経てゆっくり上行してゆく哀切に満ちたフレーズである。G線一本で弾くように指示されているので、高い音はフラジョレット（倍音奏法）などを用いて弾かなければならない難曲である。正式名は《「エジプトのモーゼ」の『汝の星をちりばめた王座に』による序奏、主題と変奏曲》。

出エジプト記を描いたロッシーニのオペラ《エジプトのモーゼ》は一八一八年にナポリで初演され、翌年にはパガニーニの曲が出ている。このオペラは今はイタリアでも滅多に取り上げられないが、珍しくミュンヘンのバイエルン国立歌劇場で上演されたときに見た。

エジプト兵に追い詰められたモーゼとイスラエルの民衆が、紅海を前にして逃げ場を失う。海に向かってモーゼが頭上に両手をあげて祈り、民衆が耐えかねたように《汝の星をちりばめた王座に》を歌う。紅海が真っ二つに裂け、突然現れた道を伝って民衆は逃げ、追いかけようとしたエジプト兵は、元通りになった海にのまれてしまう。モーゼが死を覚悟した姿を目にすると、その旋律を主題にしてパガニーニが苛烈な技巧を用いた意味が分かる気がした。演奏難度を上げたのではなく、苦しみと渇望の果てに歌われる人間の声を表したかったのであろう。

指揮をしたサヴァリッシュと面会の約束を取っていたので、上演後、音楽総監督室を訪ね《モーゼ幻想曲》の超絶技巧の意味について啓発され、感動したと伝えた。するとサヴァリッシュは「《モーゼ幻想曲》という曲があるのですか？　知らなかった」と答えた。知らないことにも驚いたが、それを隠さない人柄にも驚いた。

後に読んだのだが、サヴァリッシュは自伝で、第二次大戦中、戦地の農家にピアノがあるのを見つけ、むさぼるように弾き続けたことを書いている。命からがらの時に、彼も音楽を渇望した体験があるのだ。

私事にわたって申し訳ないが、亡父は軍人であった。本人は一切話さなかったが、かつて母から聞いたところによると、満州にSPレコードを持って行き、何人かの兵隊と交響曲の《未完成》や《悲愴》を戦地で聴いていたという。そのようなことが陸軍で許されたことにひどく驚いた。すぐにも戦闘が始まる身に比べるべくもないが、その時の父や兵隊皆の渇望に少しは思いを馳せることができる。父とはなかなか意思疎通できなかったが、コロナ禍の中で、父に語りかける気持ちになった。

コミカルな音符カード

2020.7.25

「先生を少し元気づけていただけませんか？」と、高弟のOさんからメールをもらったのは、七月に入ってすぐ暑さが襲ってきたときであった。先生は、かつてヨーロッパでも演奏会が好評であった女性ピアニストである。長らく音大で教えていたが最近は動静を聞いていなかった。お世話をしているOさんも音大を定年で去ったかどうかの年齢であろう。躊躇したが、県境をまたぐ外出自粛要請も解除されたので、ご自宅を訪れることにした。

鎌倉の鶴岡八幡宮を抜けて少々行ったあたりで、うろ覚えでタクシーを降りた。ひとつの筋に入ると、見上げる庭に一本、小ぶりながら葉の茂ったライラックの木があってすぐに思い出した。かつて白い薄いカーディガンを羽織って木の下に立たれていた先生の後ろ姿を覚えている。

チャイムを押すとOさんも居て、レッスン室のソファに先生は座っていた。九十歳を超すのに、身なりも目立たないおしゃれをしていて以前と変わりない。ピアノの奥の棚には、作曲家の手書きや初版譜などさまざまな楽譜が整理されている。

先生は「あら、こんにちは」と笑顔を見せてくれたが、ふと、私を分かっているだろうかとも思った。先生との出会いは半世紀近く前になる。一般大学に通っていた私は、音大の友人を訪ねては勝手に練習室でピアノの練習などしていた。あるとき廊下にバッハが漏れ聞こえてきた。心ひかれてレッスン室のドアの小窓の木の覆いを上げてガラス越しにのぞくと、奥のピアノでこちらに背を向けて先生とおぼしき人が一人で弾いていた。ノブを回してドアをそっと押すとまるで外気に向けて窓を開いたときのように響きが廊下に吹き込んできて、そのまま身を任せていたが、気づかれないようなので入り込んで壁にもたれて聴いた。バッハの《平均律クラヴィーア曲集》第一巻第八曲の、甘くものがなしい前奏曲、そして順に二十四曲最後まで弾かれた。自らだけに対峙しているからか、演奏に全く自己顕示がなかった。やわらかい音色に生き方がにじんでいた。

先生は有名ではない。コンクールを受けることを一切しなかったからだろう。生徒にもコンクールを勧めないので、現在のコンクール全盛時代にあっては埋もれてしまう。しかし全国津々浦々までコンクールを商売にしている風潮を見ると、先生のような在り方にこそ音楽があると改めて思う。もともと無口な先生なので、Oさんがお弟子さんとの思い出など気を遣って話題を作る。コロナ禍で往来がなくなって認知症的症状が進んだらしい。「先生、バッハの平均律、弾いてください」と請うと「もう弾けないのよ」とそれには答えてくれた。

先生の横に音符カードが散乱している。表に音符を、裏に音符に似た人間の形を描いた厚紙で、手に取ってみると、三連音符なら裏には手をつないだ三人がコミカルな格好をしていて、面白い。「小さなお子さんも教えてらっしゃるのですか?」と聞くと、Oさんが「今、先生は音符が分からない、とおっしゃって、ずっとカードを見て覚えてらっしゃるのです」と引き取った。

夕方になっても暑さが襲いかかる帰り道、海のにおいがした。その潮の香だけを吸って、ほかに何も考えないようにした。

クリームとユカと砂浜

2020.8.22

藤井聡太棋聖の快進撃がきっかけで、ＡＩ（人工知能）が将棋の世界で重視されることが門外漢にも伝わってきた。対局者の指す手の意味をＡＩが評価する。音楽でもすでにＡＩに作曲させたり、演奏を学ばせる試みもあるようだ。将棋のように、ＡＩによる評価をコンクールや批評で活用する案も出てくるかもしれない。

そのようなことを考えていると、ドイツの病院内のチャペルのコンサートで、初夏の光の中、Ｒ・シュトラウスの歌曲《あしたに！》を聴いていたときのことを思い出した。ピアノが美しい弱音から休符になる長い静けさを感じさせる間に、野外の小鳥の声が聞こえた。内と外の溶け合ったなんという素晴らしい音楽なのだろうと思った。

ＡＩは楽音と雑音を峻別できると聞いたことがあるが、状況により雑音や騒音を音楽として感じることの評価は難しいだろう。楽音と雑音は容易に入れ替わるからだ。

昔は騒音とか遮音とか、あまり言われなかった。住宅街を歩くと、ピアノの音が聞こえてきて、時には立ち止まって聴いた。家の近くによくピアノが聞こえてくる一軒家があって、ピアノの音がしているときは入口の少し内側に入ったり、通り過ぎながら歩みをゆっくりするなどした。専門の音大生ではない大学の青年が熱にかられて弾いている姿を勝手に想像していた。そこの家からは、よく美味しそうな匂いもした。何か分からないけれども、揚げ物や炒め物。お昼どきにケチャップスパゲッティの匂いがしたことも覚えている。白いクリームを山のように盛り上げたケーキかな、と想像する甘い匂いもあった。大げさに言えば、それも合わせて音楽であった。

比較的、家の区切りもゆるやかであったと思う。小学校のころ、我が家の軒下に時々、同じ小学校の女の子が入ってきて、一人、塀にもたれかかって漫画を読んでいた。なんとなく気になって、向こうからは見えないはずなので時々目をやると、漫画はいつも「ユカをよぶ海」という題名だった。苗字も知らない子なので、自分のなかでは、ユカと言う名前になっていた。

僕がピアノの練習をしていると時々ユカがいる、と気づくまでにあまり時間はかからなかった。そう分かるとそれはそれで気になった。弾いている途中で帰ってしまったらしいときには、うまくなかったのかな、と落ち込んだ。その後、ユカに会って話でもしていれば小説のようになるのだが、実際にはそのようなこともなく、学校では何度か目が合ったが、いつの間にか忘れてしまった。それらも含めてそのころ練習していた曲に結びついている。これはＡＩには分からない領域だろう。

久しぶりに、実家近くの海辺を散歩した。男の子が砂浜で石を探しては投げていた。普通、海に向かって投げて、海水の上を何回か跳ねるのを楽しむものだが、その子は海に注ぐ川べりの大きな石が連なった場所に投げていた。不思議だったが、そのうち、ふと、音を楽しんでいるのかもしれないと思った。ときおり、空高くへ響く良い音がする。それを聴くと、石が素晴らしい打楽器に思えた。寄せては返す波の音もさまざまな表情に聞こえる。耳を澄ますと、大地や海は、空に向けて音を投げかける途方もないオーケストラになる。

マスクをはずすとき

2020.9.26

さんさんと日が差しているビル下の広場は白々として人っ子一人居ない。子どものときに何かのマンガで見た一頁である。

核戦争後の世界で、放射能が充満し、人間は地下に大都市を作って生活しているのだった。光はなぜか孤独に通じる。光も激しければ生命を焼き殺すからであろうか。音も無くすべてを死滅させることにおいて、太陽の光と放射能は同じだ。幼いころ、母の手伝いをして布団を干すときに「お日様に当たるとばい菌はみんないなくなるのよ」と教わった。布団を干した日の夜は、寝るときにふかふかしてお日様の匂いがして幸せだった。それらの記憶が、マンガの頁をきっかけに、砕け散った。

新型コロナウイルスが、これまでのインフルエンザなどと異なり夏でも衰えないと聞いたときも、似たような衝撃を受けた。

ベルリン在住のドイツ人女性ピアニストが、ドイツでは公共の場でマスクをすることが義務づけられていて不快だ、とメールしてきた。付けていないと罰金も高いらしい。「どうして嫌なの？ウイルスへの防御法なのに」と問うと、「マスクをしていると火星人みたいでしょう」と返ってきた。「火星人を差別してはいけないけれども」とウィットとも真面目ともとれる言葉と共に。

マンガの続きの頁を思い出した。子どもも大人も皆、防毒マスクに宇宙服のようなものをまとい、火星人の想像図のようにも見える。完全に顔が見えない姿で会話していた。それを思うと、確かに全員がマスクをして都市を埋めている映像は少し不気味な気がする。

都市はさまざまな姿を世界に晒《さら》してきた。七十五年前、広島、長崎の街は一瞬にして瓦礫と化した。三十年前、ベルリンは東西を分け隔てる壁が壊され、人々がクラッカーを鳴らし、旗を振り、壁によじ登って歓喜した。崩壊する前は、無機質の壁がベルリンを貫いて、西側の壁の脇には小屋があり、壁を越えようとして殺された東ベルリンの人々の写真や記事が生々しく残されていた。東ベルリンへ入ると、平日の昼間なのに車の音は一切せず、ゴーストタウンのように小鳥の鳴き声が静寂を際立たせていた。さらに前は、ヒトラーの演説に一斉に声をあげる群衆の姿が脳裏をよぎる。

今、調べ物の一環で、一八一五年にベルリンに住んでいた二十歳の男子大学生の日記を読んでいる。二百年以上前でも、ティーアガルテンなど地区や通りの名前は変わらず、自分も行った場所だけに親しみが湧く。しかし、人の関係性はずいぶん異なる。大学生は十七歳の彼女と初めて腕を組んで街灯のともされたベルリンの夕べを歩いたときに、彼女と天国で一緒になることを夢見ている。およそ一年後に遊びの中で初めて彼女の頰にキスした夜は、現実の結婚の思いに眠れなくなる。今とはかなり異なる恋愛感覚だが、喜びは生き生きと伝わってくる。

ふと未来の街が浮かんだ。人の意識は変わっても、新鮮な喜びは同じかもしれない。

少年と少女が初めて、一瞬、防毒マスクをはずして顔を見合わせるとき、大きな感動が二人を包んで、美しいだろう。

水たまりの空

2020.10.24

小学校からの帰り道、雨上がりの大きな水たまりができていた。しゃがんで見ると、空と雲が映っていた。隅に木の先の枝も映っていて、どこの木だろうかと思って探すと、道の横の家の庭の高い木の先だった。そんな所まで映るんだ、と驚いた。家の屋根の端も少し映っていた。じっと見ていると、雲が動いている。雲が動いているのか、水が動いているのか。もう晴れているのに、また、ぽつんと一粒降ってきて、水面に輪が広がった。空がゆれる。

水たまりが、空へ向けてあいている入り口のように見えて、そこから宙に入っていける気がした。空の上の国にはどんな人やどんな動物がいるのだろう。絵本で読んだようなお話が次から次に浮かんでくる。にぎやかなのに、静かだ。

今の私の言葉で言えば、それは初めて世界を見たときであったのだろう。何かを通して世界が見えてくることに初めて気づいたときであったのだろう。

泥の上の水が透きとおって見えるのは、水たまりの底に世界を感じていたからだろう。雨がたまっているだけなのに、どこからか湧き出る水がひそかに流れる音がする。その音のかなたの空は恐ろしく高い。

幼いころの記憶が浮かんだのは、東京都現代美術館が企画したオラファー・エリアソン個展「ときに川は橋となる」のインスタレーションに引き寄せられたからである。アイスランド系デンマーク人のエリアソンは、地球環境を主題にした作品で注目されている。ロンドンでは、グリーンランドのフィヨルドから運んだ巨大な氷をいくつも展示し、会場を訪れた人の目の前で溶けてゆく姿を見せて、二酸化炭素の増加による地球温暖化の危険性を訴えた。

今回の日本展では、水彩や写真のほか、溶岩石を用いたインスタレーションなど五十近い作品が紹介され、同時に講演動画やリーフレットによって環境破壊がもたらす惨状、二酸化炭素抑制の必要が強調されていた。しかしむしろテーマ性をあらわにしていない作品のほうに目が行く。

『あなたに今起きていること、起きたこと、これから起きること』と題された新作は、床に置かれたライトの前を横切ると、多彩な色に拡大されたさまざまな陰影が壁にゆらめく。自分の影なのに自分ではない。確かなものは何もない。個展のタイトルにもなった新作『ときに川は橋となる』は、水が張られた大きなシャーレが空間の中心に置かれ、十二のスポットライトに照らされている。水面が揺れると、頭上のスクリーンにさざ波のような映像が流れる。水の中の自分が身を揺すっている錯覚に陥り、水に浮かんで混じっているあらゆるもの、ゴミや花びらや水素、酸素、二酸化炭素、すべてが藻になって自分の体に溶け込んでくる気がする。

現代の道には水たまりが出来にくい。出来ていても、私がそれを見なくなっている。おそらく、今、ひっそりとあふれる水たまりに、自分の顔を映してみても、かつての顔ではなくなっている。

水たまりを失うと、世界を覗けない。

ベートーヴェンが見た夢

2020.11.28

八月のこの欄で、ＡＩ（人工知能）には、音にまつわる思い出のような領域の評価は難しいのではと書いたところ、そこを専門に研究しているという方から連絡をいただいた。

その人によると、たとえばベートーヴェンが就寝中どのような夢を見ていたか、ＡＩで再現できると言う。信じられないが、ベートーヴェンが残した手紙や、耳が聞こえなくなって使った会話帖などすべてのデータを最高度のコンピューター頭脳に入れ、彼が作曲した作品から、主題が展開し、あるいは変奏されるとき、どの程度に意表を突くかなどを分析した複雑な「夢化率」を適用すると、彼が見た夢のいくつかが浮かび上がると言う。

確かに、なぜこんな夢を見たのだろう、と考えると、前日の会話の端から思わぬ世界が広がっていた、と気づくことがある。マフラーの一言から、雪野原を小学校の時のクラスの女の子がマフラーを巻いて歩いている姿につながってゆく。

夢の話ほどばからしいものはないとされるが、夢を見ているときほど、感情、感覚、世界観、あらゆることが何の違和感もなく体に入っていることはない。ところが目覚めてからそれを人に伝えようとすると、いかに自分に表現力がないか思い知らされる。

ベートーヴェンなら夢の中の世界を十全に表す力があったかもしれない。だが、見た夢がたとえ分かっても曲との関係は確定できず、意味がないと思っていると、見透かしたように「ベートーヴェンがピアノ・ソナタ《テンペスト》を作曲したころ見た夢です」と映像が添付されてきた。

無音である。そういえば夢の中で音はあまり聞かないかもしれない。青のような水色のような色が、水の中、あるいは空の中に漂っている。突然、白い馬のたてがみが出てきた。馬車に乗っているのだろうか、夢を見ている主体の視線がぼんやりした田園風の景色の間を進んでゆく。

驚いたが、しかしこの内容は想像の範囲内にある。《テンペスト》の冒頭はピアノのアルペジオが水の中から空へ湧き上がってゆくような神秘的なゆらぎを持っているし、三楽章の独特のリズムは、ベートーヴェンが馬車の動きから霊感を受けたと言われる。そのようなことを失礼にならぬようにメールに書くと「地球上を取り巻く宇宙には、日夜無数の夢が飛び交っています。今後、急速に監視社会に傾くでしょうが、夜ごとに消えてゆく夢だけは規制できません」と返ってきた。

その後、一九六八年六月の日付の雑誌の古びた誌面が添付されてきた。大学関係の同人誌として公刊されたものらしい。数ページにわたる画像に、メールの送り主の「塔」という短編が載っている。あらすじは——缶詰に入ったような声が電話から聞こえてきて「魂は脳の中にあり、脳を保存すれば永遠の生命が得られる」と話している。電話はえらく聞き取りにくい。ビルの高層階から主人公が電話しながら窓の向こうに見ている塔は、電話の相手の科学者が、いくつも脳を入れて保存するために作り上げたものらしい。最後に塔がゆっくりと傾いて倒れてゆき、耳元の声も遠ざかってゆく——。ＡＩなどなかった五十年も前からそのようなことを書いていたのだと思うと、一連のメールでのやりとり自体が、その人が今、見ている夢なのでは、と体が浮き上がってきた。

〝水版画〟の目的

2020.12.26

十一月の「我慢の連休*」の一日、地元の海辺を散歩した。

冬の海は、おだやかでも、青ざめている。打ち寄せる波が砂浜に描く模様に見とれた。布を転がすように来る波の先端だけが分かれて砂にさまざまな線を走らせる。水平線が広がる大きな海から、不思議なほど小さな綺麗な模様が生まれる。波が引くと共に一瞬にして線も霧散する。消えてしまう透明な傷が美しい。

砂が白味を帯びている場所は、やわらかいのであろう。そこでは波の筋が染みこんで少しずつ溶けてゆく残影が浮かぶ。貝や小石を縫って波の先が分かれるので、棒で砂に少し道を付け、小石を組み合わせてみた。波の先がどこに至るかは、波の大きさによってまちまちで、砂にデザインしたちょうどの場所に波の先が届くことはなかなかなかった。たまにうまく設定した通りに残影が浮かんでも、なぜか綺麗には思えない。意図して作ると、遠くの海から生まれる美が壊れてしまう。

過去、この波や砂浜が創る美を描こうとした芸術家は多かったに違いない。銅版に尖筆で線を描き黒を入れ白い紙に写し取る銅版画を日本で初めて確立した駒井哲郎も、よく海辺に行っていたらしい。彼の銅版画では一見何の変哲もない波止場が、銅に刻まれた線の強弱によってどこか感情を帯びてくる。駒井が刻む白地に浮かぶ黒の線を見つめていると、海の色と砂浜の線が浮かんでくる。

銅版画を教えてくれた中学の美術の先生は、銅版画は原始時代の人間が洞窟の壁に動物を描いたのが原点だ、と言ったが、私は、初めて銅版画を作った人は波の跡を浮かび上がらせようとしたに違いない、と反発した。

フランスはバスクの海近くの岸辺で生まれたラヴェルも波に感化された芸術家であろう。彼の《水の戯れ》や《オンディーヌ》に接すると、湖のさまざまな波の模様が見えてくる。一瞬、浮かんでは消える波の透きとおった線を綿密に写し取ったようだ。精緻を極めた中に、見えにくい半音階やさまざまな音があふれ、水の精のオンディーヌの出没を取り巻く波がうごめいている。

ドビュッシーの《版画》にたとえて言えば、ラヴェルのこれらの曲は〝水版画〟なのではないだろうか。誰も出来ないに決まっている水面に線を刻むことを、ラヴェルは試みていたのかもしれない。どのように演奏しても、次々に波が来て、究極の演奏はあり得ない。

最近、カント哲学がしばしば取り沙汰されている。自然と美に関するカントの「目的なき合目的性」も、波の先端が描く模様を見ると自分なりに分かりやすい気がした。波は来る度に砂に違う姿を刻むが、しかし常に私たちが美として意識するものを創り出している。

今年の冬の海の波は、透きとおった青が、ガラスの破片のように、ひび割れて見えた。地球が遭遇した未曾有な不幸によって傷つけられているかのように。しかし、人間にとって不都合なことも多い自然が、一方では、美を創り出している。

ここの海にもオンディーヌがいるだろうか、と波を見つめ直した。

＊「我慢の連休」は、コロナ感染者の急増を受け、日本医師会が人混みへの外出などの自粛を呼び掛けたもの。

青空に吸い込まれ

2021.1.30

今年ほど、年賀状に共通した言葉が見られたのは、経験したことがない。ひどい目に遭った昨年を脱出し、新年は新型コロナに勝つ社会を、という思いが短い言葉にあふれていた。数通に過ぎない外国からのクリスマス・新年メールと正確な比較はできないが、印象としては、日本では昨年への忌避が強かったように思う。そこには、コロナ禍だけではなく、政治を含めた社会全体の機能不全に対する怒りが感じられる。すべてを水に流そうとする日本人の特質を意識してか、「二〇二〇年を忘れてはいけません」という言葉もあった。

ユーモアも無論、スパイスを効かせていた。丑年に引っかけて「もう、コロナはたくさん！」「ぎゅう（牛）詰めの音楽会に戻りたい」等々。「あ　け　ま　し　て～」と、字と字の間を大きくあけて「ディスタンスを取ってます」というのにも笑った。

おそらくディスタンス（距離）の本質について初めて言及した哲学者はニーチェ（一八四四～一九〇〇）だろう。遠隔作用（actio in distans）という言葉を使い、女性と真理について触れている。概略としては「女性たちがこの上なく強力に魅惑する働きとは、それを遠方において感じさせること、遠隔作用なのだ。けれども、そのためには、まず何よりも、遠隔が必要なのだ」（『悦ばしき知識』）と、女性を比喩にして真理を語っている。難しい言い方だが、語弊を覚悟で噛み砕いて言えば、遠くにあるものに思いを馳せ、それが発するものを聴きとろうとする、その在り方が、真理と呼ばれることに関わっているということであろう。さらにあけすけな言い方を許してもらえば、こちら（男性）が離れて女性を思っているときに、女性の魅力の本質に気づく、ということになる。女性と男性を入れ替えても同じだろう。さらには「遠隔作用」に「リモート」「オンライン」を置いてもいいのではないだろうか。

この遠隔作用の意味を、昨年一年間、十二分に体験した。テレワークは北海道と沖縄と離れていても画面上で会議ができるようになったが、利便が進めば進むほど、特に音楽は、場所、空間を共にすることと、それに思いを馳せることで成り立っている、と気づかざるを得なかった。演奏者が発する音がその場の空間で聴衆に受け取られて変容するという想像の中に、音楽がある。対面する音は何物にも代えがたいが、その対面も想像があるから生きる。遠隔作用によって真理に魅せられるとニーチェが書いた意味もそこにあるのだろう。

北海道に住むヴァイオリニストからメールをもらった。オンラインでの演奏を頼まれて、楽しく参加していたが、終わったあと、突然、いたたまれないような気持ちに襲われ、雪野原に飛び出し、空に向かってヴァイオリンを弾いた、とあった。かなり人里離れた所に居る彼などは、オンラインの恩恵を最大に受けているだろうに。

青空に吸い込まれてしまって、音はほとんど響かなかっただろう。でも、どこか離れた場所で、遠くの野からかすかに響いてくる音に耳を傾けている人がいたかもしれない。

無数の家系図

2021.2.27

新型コロナウイルスに感染すると、高齢者ほど重症化しやすく、十六歳未満は（後遺症までは分からないものの）一般的には軽症ですむという。ふと、これが逆であったら、と想像すると、身震いが走った。

散歩する脇の公園で、久しぶりに子どもたちがたくさん遊んでいた。皆、小さな顔に合わせて小さなマスクをしているが、ブランコでも、滑り台の周囲でも、駆け回っている連中も、固まって「密」になっている。

外に出る機会の減った子どもたちが、珍しく一堂に会し、楽しさが声や動きにあふれ出ている。この地区には、こんなに、にぎやかな子どもたちがいたのか。「遊ぶ」とは「密」になることで、「ディスタンス」と言っても無理な気もする。一方で、マスクからはみだしているツルツルした肌を見ると、この子たちを重症化させてはいけないと思う。高齢者の重症化とは別種のいたたまれない気がするのは、まだこれからの人生なのに、という感覚が働くからであろうか。ということは、私たちは、この世は生きるに価すると思っている証でもあろう。

新型コロナウイルス感染に関しては「皆の命を救うように」と特に若者に呼びかけられ、若者の責任が言われている。確かに、出歩くのは若者のほうが多いかもしれないが、若者に責任の焦点を絞る風潮には疑問を感じる。生きるに価する社会の創出をも含め、感染蔓延対策には、大人の社会により大きな責任がある。会食するのが国会議員の仕事という軽い言葉が吐かれては消える。

音楽家に限らず歴史の人物を学ぶと、家系図になじみがわく。家系図は基本的に、何代か続く縦の線と、兄弟姉妹、親戚が広がりを張る横の線が交わる十字架の形をしている。十字は、宗教とはかかわりなくとも、時間と空間の基本の形の象徴である。長大な家系図では、時として端のほうにあるごく短い生に目がとまる。それが家系図の傷であろうはずはないのだが、家系図が途切れるその人の人生にどうしても思いが行く。

誰を基点にしても家系図はできるので、世界は無数の家系図で成り立っている。基点の取りようによって変わるが、ベートーヴェン、シューベルトも子どもがいないので、そこで閉じられ、縦の線の短い十字になる。家族でなくとも、演奏家の師弟の関係、作曲家の流れなどにも系図がある。そこでも孤独なシューベルトの十字には下の線がない。

今、世界中で、コロナ禍が家系図の十字形をゆがめているだろう。

二月は寒さが身に染みた。

シューベルトの歌曲集《冬の旅》は二十四曲全編ほぼ雪に閉ざされている。この時期のドイツでの放浪だろうか。その中で、教会の塔や葉の落ちた高い木などが屹立した縦の線と、大地に這いつくばってさまよう主人公の横の線が、至る所で十字形を成している。その傷ついた十字架が、きらめく雪の中に見える。それは、疎外しつづける社会への絶望の深さに反比例して、生を取り戻そうとする、鋭い意志の影だ。

春に切る竹

2021.3.27

長野県のかなりの山奥に釣り具屋さんが一軒あった。近くに川はない。表向きは、ソバ屋になっていて、数少ないが山菜入りなどメニューが紙に書いてある。車で山道に迷い込んだとき、昼食に立ち寄って以来、何度か行った。

店の名前は出ておらず、入るとテーブルひとつしかない。奥の座敷に、竹で編んだ皿や籠がいくつか並べてある。巻いた手ぬぐいから白髪がのぞく主人が一人でソバを打ち、調理している。竹細工は自身の手作りで、売ってもいるらしい。一度、ドイツ人のピアニストと長野県に行った折に立ち寄ると、彼女がその竹で編んだ皿をとても気に入って、ドイツに持って帰りたいので十枚ぐらい買いたいと所望した。一枚しかないらしく「作ってもいいけど、さあ、うまく作れるかなぁ」と眼鏡をずりあげながらつぶやく。「出来たら送る」と約束していたが、心もとない。しかし、半年後にきちんと十枚送られてきた、と彼女は喜んでいた。

座敷の横に釣り竿が何本も並べられていた。主人が趣味で釣りをするにしては数が多い。何度目かに訊くと「釣り竿を作ったけど売れないのでソバも始めた」と言う。川もないのに売れる訳がないと思ったが「ここらへんに良い竹があるから」と聞いて少し納得した。確かに店の周りも竹林だ。「良い竹の竿があると、みんなニューヨークにでも買いに行く」ものらしい。「でもやりたいのは釣り竿ではないから、売れなくても構わない」。謎の多い人だ。黙っていると、座敷に沿う廊下の奥のドアを開けて暗い部屋に入れてくれた。なにか林立しているオブジェをよく見ると、大きなラッパが付いた蓄音機がばらばらに置いてある。十台近くもあるだろうか。

主人が突然、饒舌になった。「蓄音機は電気を通さないほうが音が良いので、手巻きやゼンマイ仕掛けのものを集めている。SPを掛けるには鉄の針もあるけど、竹の針が最高。その針を作るために良い竹を探し求め、会社員を辞めてここへやってきた」

主人によると、二度の雪を経て春に切った竹の針で掛けるのが良く、たとえるなら手打ちソバの味と言う。ソバはあまり美味ではなかったので、首をかしげたが、そのうちのクレデンザという一台で掛けてくれた音を聴いて衝撃を受けた。音が温かく、やわらかく、奥深い。雑音はあるが、蓄音機が演奏を伝えるというより、蓄音機自体が楽器そのもの、竹の針の中に音がある。曲はモイーズが吹くモーツァルトのフルート協奏曲第二番。その間、店のほうはほっぽらかしだ。竹籠も釣り竿も、小さな竹の針への試行錯誤と分かり、座り直した。

一昨年の春、所用の帰途、久しぶりに立ち寄ったところ、店はなくなっていた。そこらへんだったと思われる場所に車を止めて探したが、跡形もない。いかにもあの主人らしいとも思える。近所の人に聞こうにも近くに家もない。山の中を歩いていると、曲がった道の見えない先に春があるような、不思議な感覚にとらわれた。このほど復刻されたメンゲルベルク指揮の一九四三年録音のブラームス《交響曲第一番》のCDを聴いて、あの蓄音機が浮かんだ。コロナ禍のせいか、ここのところ古い時代の演奏の復活が多い。すべての道は過去に向かっている気がする。

ウグイスの声

2021.4.24

ウグイスほど、鳴き方が上手いか下手か分かる鳥は少ない。ホーホケキョ、ケキョ、ホッホーー。鳴き声によって、春の日差しが明るんだり、反対に光が崩れ落ちたりする。時にヴィブラートのかかったような声がするのは、しばし葉陰で風を受けるのを楽しんでいる風情。

何度も鳴いて、練習しているのか、真似しているのか、確かにうまくなってゆく。コンクール会場でも、似たような感覚になるときがある。聞き惚れる音もあれば、四苦八苦してコピーしている音も。舞台から聞こえてくるピアノの表情が、ここはアルゲリッチの真似、あそこは古いケンプのやり方等々、全部分かる場合もあって、これには首をかしげる。

ヨーロッパの詩に恋の背景として多く登場する夜鳴きウグイス（ナイチンゲール）は、その名の通り、夕方から夜にかけて鳴く。ドイツで森を歩いていたとき、「夜鳴きウグイスの声」と教えられて耳を澄ますと、ピーコ、ピーコ、ホッケ、ホッケと聞こえた。真似る手本が違っているのかもしれない。

アンデルセンの童話『夜鳴きうぐいす』は、ウグイスが鳴き声を真似て習得することから思いついたふしが伺える。舞台は昔の中国。一人の漁師が毎夜、皇帝の森へ来て夜鳴きウグイスの声に聞き惚れている。うわさを耳にした皇帝の前で夜鳴きウグイスが鳴くと、皇帝の目から涙が流れる。

ここは芸術の本質を衝いているだろう。美しい楽の音を聞くと、私たちは理由もなく涙が流れる。ところが日本から皇帝に、精巧な機械仕掛けで夜鳴きウグイスを真似した贈り物がくる。こちらは何回も繰り返して見事に歌うので、街の人まで覚えて楽しみを共有する。一人、漁師だけが何かが違うと感じている。ここでは、芸術における大衆性の問題が浮上している。やがて重い病気になった皇帝が機械仕掛けの夜鳴きウグイスを聴こうとすると壊れていて役に立たない。すると、窓辺に戻ってきた夜鳴きウグイスが美しい声で鳴き、皇帝はみるみる回復する。コピーする価値を認めながらも、一回限りの本物に力があるとする骨子だろうか。

これを元にストラヴィンスキーが作曲したオペラ《夜鳴きうぐいす》が新国立劇場で上演された。こちらは、夜鳴きウグイスを聴いて大病から立ち直った皇帝が、機械仕掛けの夜鳴きウグイスを重用するところなど、あたかも対面とオンラインのはざまに悩む現代を予言するかのようだ。機械仕掛けは今、一挙に進んで5G、8Kの技術革新を見ている。演出のコッコスはそれを踏まえて更に読み直したのだろう。舞台は、めでたしめでたしで終わらない。冒頭と同じ夜の森の中の場面になり、何も解決しておらず、先が見えない。

コピーがあるから本物に気づくのであって、さて本物とは何か、と考えていると、夜のしじまを伝えるオーケストラが鎮まってゆくなかで、さまざまなウグイスの鳴き声が乱れ飛んでいるように思えてきた。真似をする鳥、真似を拒む鳥、何の間違いもなく完璧に繰り返す機械の鳥、よく鳴けずにつまずく鳥たちの声、声、声――。幻想と事実の見境が付かず、幻想が事実であり、事実が幻想である気がする。

山の神　星の神

2021.5.22

井戸は都心部では今は、とんと見かけない。

ゴールデンウィークに近辺の山あいを散歩したとき、道に接する庭先の井戸を目にした。珍しく思い、ちょうど家の人らしいご老人がいたので「井戸ですよね？」と声をかけた。こちらを見たが無言なので、「使ってないのですか？」と厳重に重ねてある木の蓋を指さすと、「使ってないけど、災害のときはいつでも使えるようにしている」と何枚もの蓋をあけてくれた。

空が映っているので、底のほうに水がある、と分かる。目をこらすと、白い花びらが数枚浮かんでいる。水は飲めるのだろうか？　じっと見ているうちに一八〇度上下がさかさまになり、空に白い花びらが浮かんでいるように見える。

老人が蓋を閉めると、風圧が顔に当たり、井戸のなかの何かが大気に放たれる気がした。

しばらく行くと、「山の神の祠」とひび割れた木の板が立っていた。その場所は黒い土が露出しているだけで、何もない。社が朽ちてしまったか、取り払われたのだろう。山の神はどこへ行ってしまったのだろうか。

山林が続く。葉ずれの音や枝のぶつかりあう音が、言葉のように聞こえる。古井戸を見たせいか、昔の人も近くを歩いている気がしてきた。国木田独歩が散歩して描いた武蔵野は、失われたというのが定説だが、楢の類いの落葉樹の雑木林は今でも多く、関東周辺はどこでも武蔵野と言える気もする。山林が切れると一気に眺望が開けた。もう午後遅くになっていて、空に、見えるか見えないかの白い星が浮かんでいる。井戸の底の白い花びらと二重写しになった。

畑があり、下った向こうには遠く町が見える。独歩の詩「畑があるなら人が住む／人が住むなら恋がある」を思い出す。この詩句のリズム感はまさに散歩の足取りで、風景を切り取って詩にしている。

宮沢賢治の詩句のリズムも、散歩が精神化している。彼は徹底していて、山野を歩くとき、ひもの付いたシャープペンシルを首から吊し、周りに生起することを次から次に書き写していた。リンドウの花が「サァン、ツァン、サァン、ツァン」とゆれうごくさまや、霧が「ぽしゃぽしゃ」降る音は、そのようにして書きとめられたのだろう。

ベートーヴェンは山野を歩きながら浮かんだ曲想をスケッチブックに書きとめた。その歩く距離たるや、オーストリアのメードリングからバーデンに至るベートーヴェンの散歩道は、険しい山道で十三キロ以上もある。メードリングをベートーヴェンはとても気に入り、数年の夏の間、ある家の二階の一室を借り、ピアノを持ち込んだ。自然からの音に満ちたピアノ・ソナタ第三十番などの創作がその時期に当たる。今でも残る二階の部屋から眼前の大きな窓を見ると、一面に野が下って窓全体が天空になる。夏のメードリングは夜九時ごろにようやく空がコバルトブルーに暮れなずむ。部屋のなかでも、散歩道でも、ベートーヴェンがなだれ落ちてくる満天の星を浴びていたことは、第三楽章、高音のトリルが続き主題が最高音で高らかに歌われる最後が、崇高に示している。

雨粒に映るもの

2021.6.26

雨上がりは、ほっとする。

　空に残っている雨粒がいくつもの魚眼レンズのようになっているのだろうか。空の一カ所の青が拡大して、空が拓《ひら》けたように見える。さっき歩いていたはずの風景が、濡れて、かすかに輝き、いっぺんに美しくなっている。雨上がりに風景が変容するのは日中だけではない。暮れるころに雨が上がると、夕闇とは別のベールが空気を包んで、やわらかい光をまとう。

　コロナ禍が認識させたものにはいろいろあるが、ひとつは、日常の何でもないことが私たちにとっていかに大切か、改めて気づいたことだろう。SNSも加わってこの世の中のことは混乱を増している。自分を見失うことが多々ある。そのとき、何でもない日常の光景が、雨上がりの一瞬のようにふと美しく見えると、自分を取り戻せる気がする。もちろん、それは雨上がりとは限らない。

　歴史からも、単なる日常は切り捨てられてゆく。

　一八〇〇年代のベルリンの詩人、ヴィルヘルム・ミュラーの日記を読んでいて、一八一五年十月二十四日に次のような数行を見つけた。

　二十一歳のミュラーが、詩を書く十七歳のルイーゼと出会って好きになったころである。光が灯される夕方のベルリンの街を歩いたことが記されている。

……街に光が灯されるのだ。その日、思いがけず僕がルイーゼを、光が灯された街に案内することになった。軽く食べ、出発した。ルイーゼは僕の腕に自分の腕を絡ませ、今までにないほど僕に接近して来た。光に照らされた彼女の優しい顔がことのほか美しかった。ああ、僕の愛を告白したかった。動悸が激しくなり、喉が詰まりそうだった。しかし、歩きながら親しく話しているうちに、僕の心は静まり返り、腕を絡めている彼女を妹のように感じると同時に、なにかとても稀な花が僕の心の中に花開いてくるような感じがした。……美しい一日だった!

この日記の一ページに目がとまったのは、愛のことが書かれている以上に、ミュラーがいつも歩いていたはずのベルリンに、変容を感じていることが察せられるからである。光が灯された街並みがこよなく美しく見えたのだろう。もちろんそれは愛によるものだろうが、見慣れた光景が不意に変容する美しさには雨上がりと同じように心ひかれる。光が当たって街の見え方が変わるにつれ、心の中の見え方も変わる一瞬が活写されている。

一八一五年のベルリンといえば、ドイツ連邦議会が設立されたことで歴史上極めて重要な年である。十月十一日にはベルリン国立歌劇場(当時は王立歌劇場)でベートーヴェン作曲のオペラ《フィデリオ》が劇場初演されており、音楽的にも記録されるに値する。そうした知識も、この日記に書かれているような街の息づかいが伝わってきたあとでは、身近なものになる。

雨上がりにはさまざまに想像が羽ばたく。雨粒は、いろいろな思いを引き出すレンズなのだろう。

空の青にまぎれる

2021.7.24

富山市にガラス美術館がある。フルートなどの楽器製作もガラスで試みている。一般的にもガラスのフルートは作られているが、富山市ガラス美術館は、ガラス作家の泉秀明さんに依頼し、N響のフルート首席奏者の神田寛明さんの助言を得て、フルートの前身のフラウトトラヴェルソを作った。フルートより機能性は落ちるが、そのぶん手作りの味がある。想像していた透明なガラスの形と違って、薄い茶色のもの、焦げ茶、ピンクなど色ガラスも用いている。初めは美術品の感覚で受け止めたが、よく見るとこれは立派な楽器である。

それらのフラウトトラヴェルソでボワモルティエ作曲の《五本のフルートのための協奏曲ニ長調》を聴いた。演奏は神田さんと富山市にある桐朋オーケストラ・アカデミーの研修課程生（江黒奏美、臼杵潮音、冨樫咲菜、斎藤志野さん）。

光が当たってきらめく楽器が想像させる音とはかなり異なる。音はとてもやわらかく響く。五本の音が絡み合っても互いに刺激せず、華やかな明るい曲調に溶け合って、そよぐ風のように空に立ちのぼる。

かつて「空《そら》の響きを聴きなさい」といつも言っている調律師がいた。ドイツで調律のマイスターになった人で、帰国後、日本で小さなピアノ製作会社を立ち上げた。そこのピアノが家にあって、やわらかい響きが大好きだった。

私が子どものころから高校の時ぐらいまで、その調律師は定期的に来て、休日の朝十時ごろから調律は二時間ぐらいで終え、そのあと夜まで話し込んでいた。母は昼と晩の二回、食事を出した。ギョロリとした大きな目を激しく動かして話すので、ずっと聞いていた私は目が疲れて気持ちが悪くなり、翌日、眼科医で、眼精疲労と診断されたこともあった。私が家のピアノの「鍵盤が少し重い」と言うと「一緒に削りましょう」と鍵盤の裏を一本一本、薄くそいだときもあった。私にもやらせたので、鍵盤ががたがたになるのではと恐れたが、最後は自分が全部調整し、見事にバランスが取れていた。何事も徹底して突き詰める人だったので、そんなこともしたのだろう。

突然、電話が掛かってきて「今、エラール（フランスの古いピアノ）が入荷しました。すぐに弾きに来なさい」と、買うわけもない高校生の私に呼びかけることもあった。

変わった人だった。野球が好きで、ピアノ製作会社の入社試験は野球をやらせて、出来ないと入れない。また、ヴァイオリンの弓のコレクターでもあった。ヴァイオリンの名器を集めている人はいるが、弓だけに絞っている人は珍しい。「弓のどこからどこまでをどのように使うか、それによって響きが空に立ちのぼる」と、無い弓で弾きながら語っていた。

ゆっくりと鳥がよぎると、空の深さが分かる。素早く鳥が飛ぶと、空の広さが分かる。鳥は姿を消しても、心配させない。自然の中に溶け込んだのだろうと思う。あるいは、空の青にまぎれたのだろうと思う。

良い楽器の響きは同じようなことを感じさせる。

夜のガスパール

2021.8.28

暑さのせいで、大学にそびえる塔の時計の針が曲がっている、と聞いた。見てみようと行きかけたが、日が落ちてもあまりにも暑いので途中の小公園でベンチに座ってしまった。ベンチの横の、蛍光灯を斜めにつけて一本立っている柱も汗をかいている。少し離れた砂場にまだ子どもが一人、遊んでいた。

柱の蛍光灯の下の部分に蛾が止まっている。ベンチに座って扇子で首に当てている風を蛾に向けたりしたが、じっと止まったまま蛾は動かない。微動だにしない茶色の羽を見つめているうちに、少しでも動くと何かが崩れそうな気がしてきた。

ラヴェルに《蛾》と題するピアノの小品がある。組曲《鏡》の第一曲。蛾の羽の鱗粉が宙に舞っているような曲だ。ピアノの音が錯綜しているのに何も動いていないようにも聞こえる。原題のフランス語では蝶か蛾か判然としない。

ラヴェルのピアノ組曲には《夜のガスパール》もある。ベルトランの詩に触発された曲で、ガスパールとは人名だが、湖の水の精・オンディーヌが月の光に照らされた窓を夜露のようにそっとたたく《オンディーヌ》、絞首台に北風が吹いて吊るし木がゆれている《絞首台》、不気味な妖精・スカルボが夜の部屋の中を走り回る《スカルボ》の三編からなる。

ピアノひとつでこの曲はまるでオーケストラのようにさまざまに楽器の音が思い浮かんでくる。弾くときは、ここはフルート、あそこはオーボエ、今度はコントラバスと、めくるめく音を追わなければラヴェルの表そうとした色が出ないだろう。事実、オーケストラへ編曲した版もある。

マリウス・コンスタン編曲の《夜のガスパール》オーケストラ版を、ミューザ川崎シンフォニーホールの「フェスタサマーミューザ」オープニングコンサートで聴いた（ジョナサン・ノット指揮東京交響楽団）。ピアノ演奏の際に自分勝手に想定していたのと同じ楽器に振り替えられていると、やはり、とうなずき、予想もしていない楽器では違和感を覚えるときもある。オーケストラでは、ピアノよりも全体にゆっくりとしたテンポになるので、隠れていた半音階も綺麗に浮かび上がり、曲の複層性、立体性に改めて打たれる。

そのうち不思議なことに気づいた。初めから管弦楽によって多彩な色を示されると、聴いているこちらに何かが広がらないのである。

それは何か？　おそらく、夜。綺麗な色にもかかわらず、色が見えすぎているのか、夜が広がらない。本来、夜は見えないから想像を広げ、世界の奥に入っていける。世界は想像と幻想のうちに認識してゆくものなのだろう。

そんなことを思っているうちに、ベンチでうたた寝してしまっていた。

目が覚めるといつの間にか夜霧が覆い、蛍光灯の周りだけ照らされて白く煙っている。蛾の鱗粉が舞っているように見えて、粒子をかき分けて近づくと、蛾は前と変わらずに止まっていた。砂場を見ると、子どもは夜霧になっている。

よりどころ

2021.9.25

まだ見ぬ村が何度も思い浮かぶ。北の海に面した村。引き込み線に間違って入ってしまった青い電車に乗って、私はたどり着くのだろう。線路の周りは遠くまで背の高い草がぼうぼうと生えて、揺れてかすかに和音が鳴る。草の狭間に魂がたくさん隠れていそうな気がして、がたごと走っている電車の中で目をつむって通り過ぎる。下りはじめてから目を開けると、青く、黒く、緑の微動だにしない海が見えてくる。青よりも青いために緑に見えるのだろうか。それとも水が冷たくて、黒く見えるのだろうか。電車は海の手前の白い岩の絶壁の下で止まる。

村が思い浮かぶたびに、私はコロナ感染の危機が過ぎたら行こう、と考える。頭の中の具合で、情景は少しずつ変わっている。違う引き込み線に入り込んでしまっているのかもしれない。時には粉雪が降っている。

私は美術館に向けて歩いてゆく。誰にも会わない。美術館には吉村利美の置物、河原の大きな石を集めたような『風景』が展示してあるはずだ。独自の陶芸手法で、どこにでもあるような石ころの色を、深くたたえている。石の中に水が流れているように思える。それはかつて、海の底に沈んでいる魂を私に見せてくれた。何年も前に、一度見ただけなので、その後の想像あるいは幻想が頭の中で作品の姿を変えているかもしれない。

一九四九年、茨城県生まれの吉村は、青森県弘前市などで陶芸を続け、二〇一六年に亡くなった。『風景』のような大がかりな作品から、窓の穴がひとつだけあいた奇妙な形の小塔、傷つけられ歪められた箱、何を入れていいか分からない小さな蓋物、日常使いのカレー皿など。その肌合いが、土で書いた詩に思える。静けさの中に多くの色と音が秘められている。地球上に無数の生が育まれたことを考えると、土の中には無数の魂が錯綜しているのだろう。吉村はそのひとつひとつとの言葉のない対話として、手の内で土をこねて魂の居場所を探し、自らの居場所をも求めていたのかもしれない。

吉村の作品集『使者の記憶』が刊行され、東京芸術大学付属図書館などに収蔵されているが、実際の作品は個人が持ち、あるいは画廊が所有し、各地にばらばらになっている。私の机の上にも何の変哲もないコーヒーカップがある。やや白みを帯びたねずみ色の肌には黒い小さな点がそばかすのように交じっていて、しっかりしていながら、ややもするとすぐ土に戻りそう。円錐形に付く耳のような取っ手は実に馴染みやすく縁の口当たりも良いうえに、何も主張していないところに心ひかれる。コーヒーカップを口に当てると、各地に残されている吉村作品を訪ねゆくことを夢見る。

今年、青森県佐井村の津軽海峡文化館内に『風景』が設置されてからは、そこは私にとっての幻の旅の終着点になった。佐井村の近くには海峡で亡くなった人すべてが漂着すると言われる仏ヶ浦があって観光名所となっており、私が想像のうちに描いているような所ではないかもしれない。

それでも、私ができなかった、あるいは、できないことを自らに突きつけるため、私は幻の村を旅して吉村作品に会いにゆく。

越境する大谷翔平

2021.10.23

仕事や業績を説明するまでもなく名前だけでほとんどの人が分かるようになった大谷翔平は、多くの日本人の朝の行動を変えてしまった。アメリカのメジャーリーグの野球が日本時間の朝に行われることが多いので、朝起きると、今日は大谷はホームランを打ったかな、投げて三振を取ったかな、とスマホをチェックする。

歴史の中でエスタブリッシュメント化されてきたメジャーリーグを、大谷は草野球に変えてしまった。今や専門家集団となったアメリカ野球において、投手は先発、中継ぎ、抑え、と分かれ、打者も指名打者が加わる。ところが大谷は、投球と打撃に分かれていた大本を崩し、投げては三振を奪い、打ってはホームラン、四球で塁に出れば楽々盗塁する。これはピッチャーで四番打者という小学生やアマチュアの草野球で見る光景である。

大谷があらゆる分野に越境してくるので、大谷が姿を現したとたんに球場は人生の縮図みたいになる。これまでスマートに野球を整えていた名手は大谷に比べて打てない自分の才能のなさに自ら天を仰ぎ、大谷に打たれた投手は次から四球で逃げまくる。大谷が投げるときも打つときも審判員はでたらめで、いないに等しい。三塁手は落ちこぼれの殺し屋、ホームランを追う外野手はグレて背を向けて球場の外に走っていってしまいそう。これらは〝越境〟がなせる業だろう。秩序だてられていた社会は越境によって崩壊し、本質をあらわにする。

シューベルトの歌曲集《水車屋の美しい娘》や《冬の旅》は、基本的には若い職人が修業する物語である。前者は、水車屋（製粉業）に徒弟として働いている青年の粉ひきが、各地の水車屋を回って技術を習得する旅に出る。後者は抽象化されていて、主人公が粉ひきなのかどうかも分からないが、おおむねその延長線上にある。

両方の歌曲集のテクストである詩を書いたミュラーは、ドイツの職人文化を長らく支えてきた各地を回って修業する制度の本質に、〝越境〟が潜んでいることに気づいたのだろう。水車が回る建物を出た若い粉ひきは川にそって下り、国ざかいを越えて、異なる文化圏の水車屋を見つける。そこで恋をし、社会の差別を実感し、嫉妬を知る。《冬の旅》ではそのまま歩き続けて、ついにはどこともしれない雪一面の村はずれの荒野にたどりつく。

シューベルトはミュラーの詩の中に越境があることを、ミュラー以上に見抜いている。

彼は《水車屋の美しい娘》を貫くように川のリズムを刻む。いくつも山を越える川はまさに越境の根源である。だからこそ水車屋が主題になったのだろう。シューベルトによって、越境はさらに幻想の川として浮かび上がってくる。越境があらわにする社会の絶望的な本質を突き抜けて、シューベルトは川の向こうに私たちの目をいざなう。

大谷が打席に立つと、球場に川が流れ、外野の奥は森になる。三塁と本塁を結ぶラインは蛇になってうねっている。舞い上がった白球は私たちが見る幻想のかけらだろう。

ショパン・コンクール

2021.11.27

口ごもる子どもたちを見ていると、切なくなる。おそらく、本当のことを言おうとしているのだ。自分にとって大切な、本当のことを言おうとすると、誰でも口ごもるのではないだろうか。なめらかなテンポに彩られて快く耳に響き、粋なリズムやしゃれたレトリックが変化をもたらせ、起承転結の構成が安心感を生み出す。そのような話し方は、もちろん、聞いていて快いに違いない。しかし、大切なことは、そんなになめらかには口に出てこない。上手に話すとき、どこかで自分に嘘をつき、あるいは、どこかでこだわりを捨てている。

言葉はもともと嘘を含んでいる。モーリス・ブランショが指摘した「孤独の言語体験」をやさしく言い換えると、私は一人きりで孤独だ、と言った場合、それが通じていることにおいて、すでにして一人きりの孤独ではないことになる。このような矛盾を通して話すのだから、思いが強ければ強いほど、それを言葉にするには摩擦が生じる。なぜなら、その個人のなかにしかない、かけがえのないものを、皆にさらけだすからだ。口ごもるのも無理はない。

今回のショパン国際ピアノ・コンクールは、音楽ファン以外にも大人気を博した。五年ごとの開催が、コロナ禍により一年延期になって、より待ち望まれたこともあるだろう。漫画や映画がコンクール・ブームともいうべき現象を作り出した背景もある。

何よりも大きいのは、世界のネット状況が様変わりし、一挙にオンライン化されたことである。この一年、各家庭でオンラインを受ける環境が急速に整ったことで、今回は、予選から、まるでオリンピックを見るように世界の人々が演奏を見た。私の周りでも、眠い目をこすりながら見た人がたくさんいた。これはわずかといえども、審査にも表面的な公明性と大衆性の両面において影響する。たとえば、誰の目にも分かるような大きなミスを犯した演奏を通過させることができない。世界中の人が見ているからである。ミスをしても元の音楽性が素晴らしいものであれば通すという考え方が以前より受け入れられにくい。また、どうしても大衆受けする演奏に偏りがちになる。

音楽が、当世はやりの〝目に見える化〟する。その結果、多くのファンを集めることは喜ばしいが、同時に音楽がビジネス化し、お金を得られるかどうかが価値基準のひとつになる。もちろん、それらをわきまえたうえで見事な演奏をする人がいて、その人たちが花束を受けることに異存はない。残念なのは、内面をひたすら追求して、どう見えるかについては全く気に掛けない演奏が埋没しがちなことである。

私自身、子どものころ、コンクールに近いものを受けた。舞台では間違いだらけで、自分で何を弾いているか分からず、腹を下し、吐き気がし、さんざんだった。しかしそれによって音楽を嫌いになることはなく、音楽に救われている。

このほど終わった日本音楽コンクールでも、間違ったことで予選で消えてゆく演奏に、心ひかれるものもあった。舞台での緊張とは別に、語り得ないものを求めるからこそ、口ごもり、間違う。そういう人にこそ見える秋の空の深さもあるのではないだろうか。

アドベント

2021.12.25

十二月に入ると、職場にアドベントカレンダーが登場した。手作りらしい。畳一枚分もありそうな大きな緑のクリスマスツリーを描いて、木の葉のところどころが一日からクリスマスまでめくれるようになっている。ところが日付を開くと白い台紙だけで、何も現れてこない。絵を描くのが間に合わなかったのだろうか、それとも自由に描き込んでくださいということかもしれない。

かつて一時期、ドイツのケルンで勉強していたとき、クリスマスが近づくと、何人かのドイツ人の知り合いから「クリスマスにはどうするのか？」ときかれた。言葉の裏に「まさかクリスマスを一人で過ごすのではないでしょうね」という意味あいがあることに徐々に気づき始めた。

つましく暮らしている貴族の血をひく老夫婦からは、クリスマスに家に来るように誘われた。老夫婦とはケルン音大の学生コンサートで知り合った。学生コンサートは一般に開放されて、地元のいろいろな人が聴きにくる。奥さんのオルガさんが日本語を習っている、と紹介され、週に一度ほど、午後のお茶に呼ばれて互いに日本語とドイツ語を教え合うようになった。集合住宅の小さな一室に、きれいに整頓された中、静かに住んでいた。飾り棚の上に絵はがきほどのアドベントカレンダーが立てかけてあった。寒々しい雪野原と馬小屋が描かれている。夕方なのだろうか。群青の空から金粉が降っている。最後の二十四日は馬小屋の入口の扉を開けるようになっていた。サンタクロースはいなかった。オルガさんは何でも小さいものが好きで、食卓にも小指ぐらいの一輪挿しに雑草のようなピンクの小さな花びらが活けてあったりする。

　職場の巨大なアドベントカレンダーは、時々見ても開いた日付に白い台紙が出ているだけだった。コロナ禍でもともと人が少ないから仕方ないのだろう。そのうちたまりかねたらしく誰かが黒と赤でトナカイの絵を描いていた。サンタクロースはいなかった。「あと何日？」と言葉が書いてある日もあった。もし自分が書くならと考えると、「何を待っているのだろう」という問いが湧き上がった。子どもも大人も一日一日アドベントの日付を開けていくときに、何を待っている気持ちになるのだろう？　現代の私たちのすべてが神を待っているわけではない。人を待っているわけでもない。漠然と、幸運を待っているわけでもないだろう。でも、私も、待っている。待っていて、何が来るのだろう。待つこと自体に意義があるのだろうか。いつまで待つのだろうか。

　オルガさんのところのクリスマスには、姪御さんも、親戚の男の人も来た。温かさに包まれた。クリスマスの直前になって「まさかクリスマスを一人で過ごすのではないでしょうね」という意味が具体的に分かったからなおさらだ。指が凍えるような極寒のなかで、お店もどこも何も開いていない。雪まじりの風が吹き付ける原っぱ、ゴーストタウンのような街を歩いていると、人のいないことが身に染みた。

　コロナ禍の都心のオフィスのクリスマスも、人がいない。白々とした空気が、なぜかドイツのかつての光景と重なった。

　何を待っているのだろう？

雪の静けさ

2022.1.29

松の内に大雪が降った。関東に正月の雪が訪れるのは珍しい。

朝の降り始めの時間はまだ弊宅の部屋にいた。雪は見ていなくても、気配が伝わる。

雪が降るにつれ、音が消えてゆく。ふと、周りが静けさに包まれ始めたことに気づき、外を見れば、空から雪が次々に舞っていた。出かけると、幹線道路には雪のぬかるみが出来ており、車はゆっくりと泥まじりの雪を跳ね上げてゆく。それでも、どこか静かだ。街の喧騒が遠のく。

幼かったころ、雪はいつも大雪に思えた。正月に家の中にいることに退屈し、一人で外に出て、雪に埋もれそうになったことがある。あれは自分が小さかっただけで、積雪としてはどうだったのか。

大学のときに同学年の女の子が、雪下ろしをしていたら屋根の上をソリに乗るように滑ってしまって庭に落ちたと話していた。仲間たちと話していたその日は雪もやんで天気の良い日だったので、ほぼ一年後にその子が突然いなくなったあと、輝かしい日差しに撥ね散らしたきらめく雪の粉を浴びながら落ちてゆく彼女のイメージがいつまでも残った。

雪の静けさが、思いを過去に向けるのだろうか。白い雪に、静けさを聞こうとするのだろうか。あるいは、音楽を聴いていても、本来、私たちは世界から静けさを聞きだそうとしているのかもしれない。

演奏を聴く際、弾く前に、ある程度、演奏が予想できることがある。特に次々に演奏者が替わるコンクールなどでは、言葉は悪いが、弾く前から、うるさいと感じさせる人がいる。それは姿、形には関係ない。どれほど祈るような格好をしていても、じっとうつむいていても、うるさい場合がある。そのようなときは、弾き始めると、たいていは、これみよがしに、どうだすごいだろう、というような演奏なので、やはり、と思う。それが見事に成功すれば、優勝することもあるので「うるさい、静か」は成績に直結するわけではない。

毎年十一月に「ヘレン・ケラー記念音楽コンクール」が東京のトッパンホールで行われる（社会福祉法人・東京ヘレン・ケラー協会主催）。ピアノ、弦、管楽器、歌、合唱、創作など複数の種目があり、小学低学年から高校までを中心に、目の不自由な人が全国から参加する。コンクールを聞く機会は多いが、このヘレン・ケラー・コンクールには毎回、心を打たれる。

目の不自由な人が楽器を弾くのは、やはり想像を超える大変なことだろうと思われるが、そのこと自体に打たれるのではない。不思議に、多くの参加者が、弾く前に舞台で静けさをまとっている。そして弾き始めると、あるいは歌い始めると、たとえミスは多くても、華やかな曲でも、うるさい演奏が少ない。弾きながら心の中を見つめているように思われる。静けさが、聴く私にも、自らの心の中を覗かせる。

雪が降ると生活は大変だが、雪の静けさはなにかの啓示にも思える。

手を触れるな

2022.3.26

東北大震災は死者が一万五千人を超える惨禍となった。今も続くコロナ禍は日本で二万五千人、世界では六百万人の死者を出している。連日、何人もの死者が報道されるロシアのウクライナへの侵攻は累計が不明だ。

大震災やコロナによる死は自然の要素も大きい。一方、ウクライナのおぞましい死は徹底して人為による。おのずと「死」に対する闘い方が異なる。

田村隆一の詩を思い出す。第二次世界大戦後、十一年を経て上梓された第一詩集『四千の日と夜』から『立棺』の冒頭。

〈わたしの屍体に手を触れるな／おまえたちの手は／「死」に触れることができない／わたしの屍体は／群衆のなかにまじえて／雨にうたせよ〉

詩は読む時によって、その意味を変容させる。今、私はこの詩を「死をもたらせた為政者に、誇りを突きつける」と解釈する。〈屍体に手を触れるな〉の詩句は、すでにして次の〈「死」に触れることができない〉を内に含んでいる。どんなに殺しても、虐殺しても、内面を殺せはしない、人の存在の本質に死をもたらすことはできない、と叩きつける。群衆のなかで雨にうたれた死は、卑怯な為政者には手の届かない高潔な死と解釈できる。

旧ソ連の作曲家、ショスタコーヴィチのヴィオラ・ソナタを思い出す。病床で校正をしたヴィオラ・ソナタは、生涯最後の曲となった。第三楽章に一貫して引用されるベートーヴェンのピアノ・ソナタ《月光》のモチーフは、痛恨の言葉にも究極の憧れにも聞こえる。若くして書いた意欲的なオペラ《ムツェンスク郡のマクベス夫人》をソ連共産党に批判されて以来、彼はスターリンが主唱する「革命の勝利」を描かなければ殺される恐怖を常に抱いていた。

表面上、社会主義リアリズムに迎合せざるを得なかった彼は、ヴィオラ・ソナタの終曲でベートーヴェンへの内心の限りない思いを綴っている。ピアノパートに《月光》の分散和音が反映され、ヴィオラの旋律に音程を崩しながらターンタターンという《月光》のリズムパターンが続く。やがてそれが、引っかき回す混乱した音で破られる。自分が圧制下で出来なかったことを象徴するかのように。そして再び、遠くを見つめるのか、《月光》の旋律と分散和音が繰り返される。屈折した思いがただひたすら悲しみとして伝わってくる。

今、ウクライナの市井の人々が次々に突然の悲しい最後に追いやられている。

再び田村隆一の詩を思い出す。『合唱』と題された詩。

〈眼は泥の中にある／眼は壁の中にある／眼は石の中にある／眼は死んだ経験の中にある　しかし／われわれの中にはない！〉

今、私は〈われわれの中にはない！〉とあるのを、まだ私たちが事態の本質をつかみ得ていない、と解釈する。

〈わたしの屍体に手を触れるな〉と叫ぶ死者の眼、無言の声が、合唱のように聞こえてくる。

嘘でも夢でも

2022.4.17

春なのに暗い。光が差していても暗い。

この憂愁はどこからやってくるのか。ウクライナの春からだろうか。次々に穴を掘って埋められた遺体の上の土に被っていた雪は解けただろうか。粗い映像を通してでは、雪まじりの土なのか、土からはみ出した骨片の白なのか、分からなかった。雪が解けていたら、今、骨片はさらにはみ出しているだろう。そこには死の尊厳や、過ぎてきた人生への思いは見られない。

何をも思い出したくない春に、日本では桜吹雪が舞う。ウクライナを思うと、それは骨片の舞いのようだ。

ロシア軍が迫るオデッサ（オデーサ）にかつて、ピアニストのリヒテルがいた。最後の来日となった一九九五年、リヒテルは日本各地で予定されていた公演をすべてキャンセルした。リヒテルと特別に親しかったマネジャーの話では、八十歳を超えたリヒテルが毎日、ピアノの前に座って「自分は弾けない」と泣いていたという。そして、ずっと秘めていた父親に関する事件をマネジャーに語った。オデッサでドイツ系ルター派教会のオルガニストを務めていた父親は、ドイツ軍がオデッサを占領する直前、スパイの嫌疑で、スターリンの粛清により銃殺された。しかし、その嫌疑は捏造で、密告にはリヒテルの母の再婚相手がかかわっている、とリヒテルはマネジャーに語った。

「吐き出さざるを得なかったのだろう」とマネジャーはリヒテルの心中に思いを馳せていた（同じことをリヒテルは同時期にモンサンジョンにも語り、それはその後まとめられ二〇〇〇年に日本でも出版された）。リヒテルはマネジャーへの告白の二年後に亡くなった。

大虐殺でなくとも、リヒテルに見られるように一人の芸術家を死ぬまで苦しめた事実がある。おそらく無数にあるだろう。

田中晶子（ヴァイオリン）と新井博江（ピアノ）のデュオリサイタルで、ドイツの現代作曲家、ヴィルフリート・ヒラーがベートーヴェンのピアノ・ソナタ《悲愴》の第二楽章を編曲した小品が初演された。田中が委嘱したという。冒頭からヴァイオリンが、心中の悲しみを繰り返し訴える。やがて中間部で《悲愴》の第二楽章のおだやかに光が満ちるような旋律が流れる。再び、冒頭の悲しい旋律が繰り返され、断ち切られる。プログラムによると「ウィーンの街角でベートーヴェンとシューベルトが遭遇したであろう」イメージによって書かれたという。シューベルトが悲しみを問い、ベートーヴェンが静かに応えるという構図だろうか。

ベートーヴェンは死の直前の病床で、シューベルトの《水車屋の美しい娘》のスコアを読み、「シューベルトの中には神の火花がある」と叫んだ、と秘書のシンドラーが記録を残している。夢のような出来事だが、ベートーヴェンの筆談帳を破棄、改竄したシンドラーによる言い伝えだけに、作り話の疑いが濃い。しかし、リヒテルを思い、ヒラーの曲を聴きながら、嘘でも夢でもいい、誰にでも、人生の最後には奇跡が起こってほしい、としみじみと思った。今、ウクライナには何もない。春の匂いはするだろうか。

緑の森の奥

2022.5.15

さまざまな木の緑が光に照り映える。葉の濃い影と淡い面ざしの差に奥行きが表れ、固い木々の幹も風をやわらかく受けとめる。

とりわけ、かえでが美しい。今は少し濃い緑に感じられるが、若葉が出始めたころは、かえでの薄い緑の葉に日差しのひとつひとつの粒が当たると、葉の裏と表の区別がつかず、空から降ってくる光なのか、葉から空に向けて発している光なのか分からなくなる。

かえでは「もみじ」と言われるように、秋の紅葉の時期のほうが好まれる。確かに、真っ赤に染まった葉は、昼だけでなく、夜、ライトアップされても美が際立つ。しかし、それは枯れてゆくときの、言い方を変えれば最後の輝きであろう。緑の若葉のうちはライトアップしても特に際立つわけではない。緑が生命の撥ねる美しさのなかにあり、人工の装いには似合わないからかもしれない。

緑はギリシャ、ローマ時代から、理想を象徴する色として人々に定着してきた。理想郷としてのアルカディアは牧畜の草に満ちたギリシャの実在の地名である。ギリシャ時代からルネサンスを経てロマン派に至るまで、美しい緑を描いた絵画は溢れ、田園詩における緑への称賛もおびただしい。十五世紀のボッティチェッリ『プリマヴェーラ（春）』におけるヴィーナスたちの足下には、白のひな菊や小さな黄色の花、赤い可憐なポピーが咲き乱れる緑の草地が広がっている。十九世紀のスーラ『グランド・ジャット島の日曜日の午後』で人々がのんびりくつろいでいる下にも、整えられた緑の芝生がなだらかな起伏を描いている。

ところが二十世紀に入ると田園詩は終息し、森は違った面影を見せ始める。文明の進化が緑を破壊し始めることを先取りしていたのだろうか。そこには不安が紛れ込む。たとえばドイツのアルフレート・モンベルト（一八七二〜一九四二）の詩。

散歩

彼らは森の緑の中をさまよう／鳥は歌い、花は咲く
一人の青ざめた男と静かな子ども／彼らは渇いた喉に春の風を吸い込む
そして男の子が不思議そうに立ち止まる／「お母さんが見える気がする」
彼らは新緑を見つめている／鳥は歌い、花は咲く

この詩に青年期のアルバン・ベルク（一八八五〜一九三五）が曲を付けている。なだらかな緑が見えるように始まる曲は徐々に沈み込み、その後、男と子どもが登場すると上昇しながらト短調にもかかわらず不思議な和音を醸し出す。鳥よりも高い音で「お母さんが見える気がする」の言葉が高みに消え、響きを残す。

この曲を聴いてからのち、森や林の奥を見ると、ふと青ざめた人影が見える気がするようになった。しかし今、春の美しい緑を目にすると、その奥に、ウクライナの惨状が浮かぶ。

待ちながら…

2022.6.19

「エウリディーチェは来る」

字幕の短い歌詞が鮮烈に飛び込んできて、叩きつけられた。そして、なぜか対句のように「ゴドーは来ない」と頭に浮かんだ。

グルックがギリシャ神話を元に創作したバロックオペラ《オルフェオとエウリディーチェ》。ウクライナのニュースが続く五月終わりの新国立劇場で上演された勅使川原三郎演出の舞台は、中央に置かれた円盤以外、薄暗く閉ざされている。

オルフェオが円盤の上で、妻のエウリディーチェの名前を呼んでいる。エウリディーチェが亡くなったことを嘆き悲しんで、どうしても黄泉《よみ》の国から戻してほしい、と神々に懇願している。ローレンス・ザッゾ（カウンターテナー）の情感のこもった、それでいて透きとおった高音が突き刺さってくる。指揮の鈴木優人《まさと》が歯切れよく畳みかけ、東京フィルの管弦楽が、悲しみを浮き彫りにする。舞台の前方に舞踊手が登場して静かに踊り始める。背後には闇に紛れたコロス（古代ギリシャの合唱隊）がいる。コロスが「エウリディーチェは来る」と予言する。

不条理演劇の原点、ベケット『ゴドーを待ちながら』は、木が一本立つ一本道でみすぼらしい二人の男がゴドーという人を待っているところから始まる。二人はあまり意味のない会話を交わし、時間を潰して待っているようだが、結局、ゴドーは来ない。同じような進展が二度繰り返されるが、やはり、ゴドーは来ない。ゴドーはしばしば神にたとえられる。

人は無数の物語を紡ぎながら生きているのだろう。なぜなら、何かを待っているからだ。生きるということは待つことにほかならない。そして、待っているものは来ないと分かる度に、物語は修正を余儀なくされる。

エウリディーチェは、黄泉の国から来る。しかし、オルフェオが生きている世界へ彼女を導くときに彼女を振り返って見てはいけない、という条件つきだ。どうして見てくれないの、とエウリディーチェは訴え、私の姿を見たくないの、と難詰する。ヴァルダ・ウィルソン（ソプラノ）のリアリティーのある演技で、死が生を引っ張る粘力が舞台に満ちる。オルフェオはついに振り返り、その瞬間、エウリディーチェは再び死ぬ。オルフェオは、未来へ向かう「時のベクトル」をねじ曲げ、死の世界に鎮まっていた彼女と、生に希望を抱いた彼女の双方を裏切ったのだ。

グルック版の《オルフェオとエウリディーチェ》は最終の場で大転換し、愛の神（三宅理恵）が二人をゆるしてこの世に生き返らせる。それを、私たちはどう受け取るだろうか。

現代の聴衆の多くが、生の世界に戻った二人には、死をも超える苦難の道が待ち受けていると予感するのではないだろうか。それは現代社会の苦難の証しだろうか。この世界の不条理をあまりに知り過ぎたからだろうか。

劇場を出れば、ウクライナのニュースが再び飛び込んでくる。現実とオペラは違う。しかし相互が相互を照射する。エウリディーチェは来ないだろう。ゴドーが来ないように。来るところがない。

国際コンクール

2022.7.17

心の中のさまざまな思いが、音の波として打ち寄せてくる。音の波に心の中のさまざまなものが打ち寄せると言ったほうが分かりやすいのだろうか。音楽の演奏とは、その波打ち際で何かが生起することなのだろう。波が引いていったあとには、あるいは、傷ついた砂模様が残っているかもしれない。

第八回仙台国際音楽コンクールが六月末まで一カ月余にわたって開催された。収まりを見せたとはいえコロナパンデミックに、ロシアのウクライナへの侵攻という凄惨な事態が加わり、参加者、審査員の来日も従来通りには運ばず、関係者は大変な思いをしただろう。

ヴァイオリン部門の本選に残った六人が演奏する協奏曲を、日立システムズホール仙台で聴いた。共演は広上淳一指揮仙台フィル。

第一位になった中野りなのバルトーク《ヴァイオリン協奏曲第二番》は、古今東西の同曲の名演に比べても全く遜色のない堂々たる演奏で、何よりも素晴らしいのは、表現の底にまぎれもなく作曲家の世界が立ちあらわれてきたことであった。

第二位のロシアのデニス・ガサノフにも心ひかれた。彼が持つヴァイオリンは、他の出場者に比べて明らかに貧弱な能力の楽器で、やはり音量も小さい。しかし彼が弾いたショスタコーヴィチ

《ヴァイオリン協奏曲第一番イ短調》には、彼自身が語ってくれた「今のロシアの（世界から非難されている）状況で出場できるとは思っていなかった」「練習したいときに練習できて、食べたいときに食べられるのがうれしい」という輻輳《ふくそう》した思いが表出されていた。自分自身を見つめ直すように、同時に遠く世界に思いを馳せるように冒頭のモノローグを沈んだ色調で弾き始め、戦争を戯画化したかにも見える第二楽章を走り抜ける。パッサカリアから終楽章へと、うるおいを含んだ心理的な音から内面の爆発へ至る音の波に、即興性をも交えて、真摯なものが打ち寄せていた。

聴きながら、ドストエフスキー『カラマーゾフの兄弟』の主人公の一人が語る言葉が思い浮かんだ。神がもたらす永遠の調和よりも、傷めつけられた子どもの涙のほうが重い、と主張しながら、春に芽吹くねばっこい若葉や紺青の空への愛を語る場面だ。

協奏曲を弾き始めて、第一楽章の途中で止まってしまった参加者がいた。その人にとってそれは経験したことのない、まさに頭の中が真っ白になる出来事だったろう。しかし立ち直って、第二楽章では魅力的なフレージングで抒情豊かに歌いきり、第三楽章の速いパッセージも粋に見事にこなし、万雷の拍手を浴びた。

休憩でロビーに出ると、小学高学年らしい女の子が母親とおぼしき人に演奏の事件を改めて話していた。すると母親は「〇〇では止まることもあるのよ」と言った。〇〇はおそらく「実演では」といった類いの言葉を発したのだろう。しかしよく聞こえなかったので、私には「人生では」と言ったように思えた。すぐ女の子が「でも、また始めた」と返した。

体の中でなだれ落ちるような感覚が起きた。

地獄を正視する

2022.8.21

地獄は暗闇の中にあると思っていた。

ダンテ『神曲』の『地獄篇』でも、暗い森の中に迷い込んだ主人公が地獄、煉獄へと落ちてゆく。ギリシャ神話におけるオルフェウスも、死んだエウリディーチェを地獄の闇の中で探し歩く。

連日テレビは、ウクライナの麦畑の横で破壊された戦車や、道に放置されたままの死体、ミサイルで大きな穴があき、そこから瓦礫があふれだす病院や学校を映し出している。死体にはぼかしが入れられているものの、それらは昼の光の下で無残な姿をさらしている。

コロナの変異株の感染者が過去最高を記録した、と続いて流れるニュースも、必ず渋谷とか、地方でもその中心地で、昼間の人波が映される。

地獄は昼の光の中にある、と思うようになった。

誰もが熱中症になりそうな苛烈を極めた暑さの中を歩いていると、長いミミズが干からびて道路にこびりついていた。そのうちミミズの死体は踏まれ続けてアスファルトに溶け込み、黒い染みの一点になってしまうだろう。黒い染みは昼日中の光でしか見えない。

フランツ・リストのピアノの曲に《ダンテを読んで　ソナタ風幻想曲》がある。二十代の終わりに作曲された《巡礼の年　第二年「イタリア」》の最後を飾る第七曲で、壮絶なテクニックを必要とする難曲である。リストが六歳年上のマリー・ダグー夫人とイタリア旅行に出かけたのを機にダンテの『神曲』を読んで書かれたと類推されているが、一八五八年の最終稿の出版までには二十年近く手を入れている。

冒頭の導入部、鮮烈で不快な感触を引き起こす増4度の和音が下行する。オクターヴが真っ二つに分断されるため悪魔の和音とされてきた増4度は、暗い森の中に迷い込んだ主人公が地獄、煉獄へと落ちてゆく姿を想像させる。

その底の暗い闇の中で低音がうごめき、やがて不気味で同時に官能的な要素をも秘めた旋律（主題）となって、怒濤のように駆け抜ける。地獄から生まれたような半音階の旋律は、高音域の光の中に入ると、そのまま美しくも切なくも聞こえる。

リストはダンテの『天国篇』には作曲していないが、このソナタ風幻想曲の中にはあまりにも美しい旋律、和声が何度か現れる。それは地獄からの旋律が天国的に変えられたその後に入る。

正反対のものが同じ音で描かれていることをリストの恋愛、官能の面から解釈するのはたやすい。地獄であればあるほど天国でもあるのだろう。しかし、曲の最後に、冒頭の悪魔的な和音が堂々とこの世の真理のように位置づけられているのを聴くと、リストは個人的な愛憎を超えて、より大きなものを正反対に変えようとしていたとも思える。

地獄は夜に隠れているものではない、昼の光の中の地獄を正視し、そこに対峙し続けなければならない、と。それはロシアによるウクライナへの侵攻、コロナパンデミックの下の現代だからこそ、聞こえてくる響きかもしれない。

誰もいない学校

2022.9.18

〈学校に工事が入る夏休み〉

「毎日俳壇」への渡邊顯さんの投句である（毎日新聞朝刊八月十五日付）。

何でもない日常詠に思えたが、パッと情景が思い浮かんだ。

翌日、たまたま所用があって夏休み期間の学校へ行くと、まるで句を実証するかのように、正門を入った先の木造校舎に大きなクレーン車が横付けされ、側板の塗り直しをしていた。

門の脇にある守衛室に身分証明を見せるとき、風鈴が鳴った。

「涼しそうですね」と声をかけると、「音だけです」と汗いっぱいの笑顔で守衛さんが答えた。

三々五々学生が集っているはずの校舎前のアスファルトの広場は、無人で、照り返しだけがゆらめいている。服に火が着いてしまうのではないか、と思えるほど、じりじりと苛烈な光が頭上から襲う。ヘルメットを被り灰色の作業衣を着てクレーン車の周りに立つ数人は倒れないだろうか、と遠目に心配になった。

誰もいない広場を、一組《ひとくみ》の男女学生が楽しそうに話しながら横切り、校舎の裏手へ消えていった。

この句の選者の片山由美子さんは「校舎の設備関係など、確かにふだんはできないことがある。こんな夏休みの詠み方があったとは」と評されていた。無人の学校の光景を喚起することは、反対に学生、生徒があふれている日常をも想像させ、ふと学校の本質に思いを馳せることになる。テレビは連日、夏の甲子園の高校野球を流していた。試合が終わると、勝ったほうの校歌が流れ、球場に詰めかけた全員、そしてテレビ視聴者が聞く。勝ち上がった学校の校歌は何度も流れる。

学校を象徴すると言われるものが、どれだけ学校の概念を表し、学校固有の一体性を高めているか疑問だが、校歌も必ずしも学校の姿を描き出してはいない。名の知れた作曲家や詩人も創作に加わっているのに、どの校歌を聴いてもどこかよその学校と入れ替えても分からない画一的な気がする。一緒に歌に加われない人は必ずいると思う。私もどんなときでも校歌を歌うことに違和感があった。もともと校歌とは、自分が感じてなくても喜びや誉れを強制されるものだから。そこに入れない。

なぜか、誰もいない学校の情景が思い浮かぶのは三善晃の歌曲《駅》（《四つの秋の歌》第一曲）。もちろんテクストになった高田敏子の詩に〈夏休みを積み込んで／汽車は行ってしまった／がらんとした駅のホームには／カンナの花ばかりが赤く／少女は耳をすまして／次に運ばれてくるものを待っている（略）〉と「夏休み」の言葉が出てくるからではあろう。学校から、はずれてしまった子という少女の属性を想像させる。

寂しさを含んだまま空気に光の微細な粒が入り込むようなピアノと歌の絡みに、駅に続いてがらんとした学校が遠景にゆらめく。

誰もいない学校とは、喪失感の形象化なのかもしれない。そして、それが通り過ぎてゆくのは必ず、九月なのだ。

第三予選

2022.10.16

音楽の批評は、不思議に食の批評に近い。

「食欲の秋」たけなわで、テレビでは食べ物のルポがひっきりなしに流れている。たいていは芸能人が高級レストランを訪れるか、あるいは小旅行を兼ねて郷土料理の現地へ赴き、旬の食材や伝統の味を食べてレポートする。料理を伝える言葉に工夫のしどころがあるのだろうが、それらの感想を聞いていると、味を表す言葉が音楽の形容に極めて似ていることに気づく。

「とても甘くてなめらかな舌触り」は、音楽に置き換えれば「甘美を極めたなめらかなフレーズ」だろうか。「適度の辛さが舌に快い」は「適度に交じるスタッカートが心地よい」、「やわらかい食感がふくらむ」は「やわらかい音が会場に満ちる」につながる気がする。さまざまな言葉を並べても、なかなか実際の味、音にたどりつけないところも、食の形容と音楽の批評は似ている。

味も響きも、目に見えないものを対象にしているからだろうか。もしくは、食と音楽には、直接的な身体性が絡んでいるからだろうか。

無論、絵画の静物画にも、リンゴやいちじくなど食べ物が多く描かれる。しかし、それらに関する批評で「甘い」、「美味しそう」などという食感に根ざした言葉は登場しない。

ルノワールがいくつか描いているリンゴは、沈んだ空間の中に一つの赤みが壮絶な孤独感を呼び起こす。華やかな色だけに寂しさが極まる。浜口陽三の版画による『西瓜』は、横に長く引き延ばされた西瓜の赤いフォルムが、血を吸った日本刀のように凄絶で、無数の黒い種は刀身の波紋に見える。いずれも、形の中に何か味だけではないものを見ている。

日本音楽コンクールのピアノ部門第三予選が九月二十七日、東京のトッパンホールで行われた。二百人の応募から二度にわたる予選を通過した十人が、一人四十分前後の範囲で、自由に曲を組み合わせたプログラムを演奏する。朝十時から午後七時まで続けて聴いていると、参加者の多くが数日前の第一予選、第二予選から、見る間に成長していることが分かる。十代、二十代初めの若い人だけに、芸術への志向が食べ盛りの食欲のように貪欲だ。

すべての人が、何か表せないものを何とか表そうと必死に音を刻印しているその姿そのものが、華やかにも寂しくも、美しくも過激にも、感じられる。

スクリャービン《ソナタ第二番》にピアニッシモで孤独な響きを紡ぎ、聖なる神秘をうたいあげたのち、一転してフォーレ《バラード》に春の風を感じている人、シューマン《フモレスケ》にさまざまに移ろう日々の泣き笑いを描いてから、メシアン《喜びの聖霊の眼差し》で熱狂を爆発させる人、シューベルト《ソナタ第十九番ハ短調》の優しい歌、悲しい歌、厳しい歌が満ちる長い旅路を経て、ラヴェル《スカルボ》の超絶技巧で小悪魔に動きを任せる人…。肉体の運動と精神の探求が交錯する。表し得ないものを表そうとする総体が、波打つ生命のしぶきのようにホールいっぱいに降り注いでいた。

悲しい夢

2022.11.20

泣いている夢を、子どものころ、よく見た。いつも理由は分からないが、寝ている間に、ただ涙だけが流れていて、夢の中で泣くほど悲しいことはない、と感じた。そのためか、将来、なりたいことなどを先生に聞かれるとき、「夢」という言葉が使われると、なじめなかった。なぜ昨夜見た悲しい夢と同じ言葉なのだろう？　一緒の言葉であるのは、将来に思い描くことがあったとしても、それは果たされないものと決まっていて、いずれ泣くことになるのだろうか？

長じて学校で英語、ドイツ語を習うにつれ、それらの言語でも、睡眠中に現実の経験であるかのように感じるまぶたの内の映像と、将来実現させたいと思っている事柄を同じ「夢」という言葉で表すことを知った。また国語の勉強では、悪い道にはまり込んだことから抜け出すときも「夢から覚めた」と表すことや、たよりにならないことも「人生は夢に過ぎない」と言うなど、「夢」が悪いことに結びつくことも知った。

良い意味での「夢」があふれているのはコンクールだろう。「出場するのが夢でした」「入賞できて夢のようです」「夢かと思いました」など、これほど「夢」が氾濫する場もない。全日本学生音楽コンクールでは、東京、大阪など五大会で、ピアノとヴァイオリンは小・中・高、フルートは中・高、声楽とチェロは高・大に分かれ、予選、本選を行う。そこを通ると横浜みなとみらいホールで行われる全国大会が待っている。全国大会のプログラムには出場者の顔写真、演奏曲目のあとに、十年ほど前から「将来の夢」などを一行書く欄が加わった。

たいていは「世界一のヴァイオリニスト」「ピアノの弾けるお医者さん」「愛犬に音楽を理解させる」など他愛のないものだが、「自分のリサイタルに祖父母を招待する」「先生と共演してドイツで演奏旅行」など現実味を帯びたものもある。もっと現実的なものに「経営で成功してこのコンクールを支援する」とあったので笑ってしまった。コンクールの設営が大変らしい、と先生たちの話を小耳に挟んでいたのだろうか。中には、あきらかに読まれることを意識してひねっているものもあるが、それでも、いろいろな「夢」があるのだなあ、とこの欄はいつも見るのが楽しい。

全国大会の特に小学校、中学校の部は聴衆であふれる。祖父母や親類など、時には一族総出になるからだ。病院から許可をもらって出場者の兄が聴きに来たということを知った年もあり、幼いころ離婚して別れた母親が見に来たという話を伝え聞いた年もある。

演奏後に結果が発表されると、手放しで喜ぶ子、手放しで泣く子がいる。楽屋近くの廊下の突き当たりで壁に向かって中学生の部の女の子が泣き続け、そばに先生とおぼしき人も涙ぐんでいるのを見たときには、ちょうど上記の家庭環境による辛い話を聞いた年だったので、結果以外に、泣く理由が何かあったのか、とさまざまに思った。迷ったが、声はかけずに立ち去った。今でも心が残っている。

やはり、夢には、悲しいものが付いて回るのだろうか。

海を見にゆく

2022.12.18

横浜の、とあるホールは、港の中に建っている。大嵐のときには、船の舳先《へさき》のように、波しぶきを浴びそうだ。一～三階にある大ホールからは、ほかの建物との位置の関係で、ロビーに立って外に目を向けても、ほとんど海が見えない。五、六階にある小ホールのロビーの隅からは海が見えるが、吹き抜けの空間を通しているので、今ひとつ目にした気がしない。いちばんよく見えるのは、小ホールの入口から入ってロビーにつながるエスカレーターの下の、通過点のところ。人々は上のロビーに昇ろうとしてガラス張りの全面の窓に背を向けるので、外の海があまり目に入ってこないだろうが、そこから見ると外の建物の向こうに港の海が真横に広がっている。

この小ホールで開かれた学生のコンクールに何日間か、連続でかよった。雨の日の海は灰色にどんよりとし、晴れ渡った日は空の青と海がひとつながりになる。始まる前や休憩のときには、エスカレーターの下には人がいないので、そこの端で、毎日、海をむさぼり見た。

最終日に声楽の高校の部で、一人の女子が《悲しくなったときは》を歌った。

中田喜直が寺山修司の詩に付けた曲である。〈悲しくなったときは　海を見にゆく／古本屋のかえりも　海を見にゆく〉と続く。ピアノの前奏が、どこへ行くのか分からないようなぽつねんとした単音を弾き、そこに歌が紛れ込む。人生は終わっても海は終わらない、と歌う。

聴きながら、自分が連日、憑《つ》かれたように、エスカレーターの下の全面の窓ガラスの端に顔を付けて、なぜ海を見るのだろう、と考えた。

この曲は、悲しくなったときは、海を見にゆく、と歌っているが、私の実感では、海を見ていると、悲しくなる。どんよりしたときでも、青一面のときでも。

その違いは何なのだろう、とも考えた。詩人が海を見にゆくのは、悲しいからだろう。悲しさを抱えていて、それを吐き出すか、心を救おうとして、海へ行くのだろう。彼は、悲しさを海に反映させている。私は、反映させる悲しみを持って海へゆくのではない。見ているうちに悲しくなる。考えてみれば、海だけではない。広がる空を見ても、同じだ。見ているうちに悲しくなる。

同じことを感じている人は多いのかもしれない。〈白鳥は哀しからずや空の青　海のあをにも染まずただよふ〉（若山牧水）は、恋人を歌ったものとか恋人への気持ちを込めたものとか解釈されていることが多いが、ただ、海の青、空の青を見ていると悲しくなる、と歌っているように思える。ビートルズの《Because》も同じことを、〈Because the sky is blue, it makes me cry（空が青いから、僕は泣く）〉と歌っている。

人は、おそらく、混じりけのない純粋なものに接すると、悲しくなるのだろう。自分の中に、汚いものが抱えきれないほど混じっているからだろうか。

ロシアのウクライナ侵攻が始まったのは、今年の二月だった。夏ごろ、ウクライナの市民の虐殺が続いて、映像にも頻出した。橋の向こうに、海が映っていた。

光なだれよ

2023.1.17

その男は広大な池のボート番だった。朝九時から夕五時まで、池の端に座り、客が来ると料金を徴収して池にボートを出し、見守る。一日が終わると全部のボートを水で洗い、船底を上に向けて並べて干す。冬場は凍り付くので水気をすぐに拭き取らねばならず、手も凍り付く。自然に乾く夏場は、太陽が肌をも仮借なく焼き尽くす。その男は日焼けしてたくましかった。

あまり客は来なかったという。水鳥に目を当て時に人魚かと思い、緑の木々の葉のささやきを聞き、沈む夕日を眺める。私には彼が、ノルウェイの湖畔の小屋に住んだ哲学者のヴィトゲンシュタインとどこか重なる。『論理哲学論考』を書いたこの哲学者は〈本当のところ、私に出来るのは、（略）何も語らないことだけだろう〉と記した。

東京混声合唱団が第二五九回定期演奏会で、土田英介《混声合唱、ピアノのための三つの小品》を初演した（指揮＝沖澤のどか、ピアノ＝泊真美子、二〇二二年十一月二十六日、杉並公会堂）。当日、行けなかったので、その後、会場録音を聴いた。中原中也『北の海』、八木重吉『花がふってくると思う』、村野四郎『火の桜』の詩に曲を付けている。

一曲目。ピアノの重い和音のあとアルトが〈海にいるのは〉と入り、続けてソプラノが〈あれは人魚ではないのです〉と溶け込む音に、体のゆらめく思いがした。波間に聞こえるような不思議な響き。テノールとバスも入って〈浪はところどころ歯をむいて、／空を呪っているのです。／いつはてるとも知れない呪〉と凄絶な余韻を残したあと、再びソプラノの〈あれは人魚ではないのです〉が響くと、ふと気が遠くなりそうになった。

二曲目。〈花がふってくるとおもう／この　てのひらにうけとろうとおもう〉と混声で繰り返される背後で、ピアノから時に嬰ハ音だけが流れる。孤絶したわずかな嬰ハ音が、幻想の花びらがふってくる姿に聞こえる。

ピアノの響きの中から三曲目、静かに花が開く。やがて〈花の奥に花あり／花の翳《かげ》花におち〉と花びらが舞い、狂い、〈咲きてみだれよ／燎乱として光なだれよ〉とめくるめく。

ボート番の彼から電話がかかってきた。彼は休日には骨董店、古本屋、古レコード店を歩いている。その日は、村野四郎の自筆の詩を見つけた、と報告してくれた。ちょうど村野四郎＝土田英介《火の桜》を聴いた直後だったので驚いた。早速、見せてもらった。村野四郎の詩を特別な紙に一編ずつ印刷し、草野心平が絵を付けた限定三百部の詩画集『そばえ』で、最後に手紙に書いた村野の詩『旅の果に』が紛れ込んでいた。

〈（略）彼女たちの／白い手や脚を／こころに描いていた（略）／赤く毒が回ってきた〉と自らの晩年を難じた詩で、おそらく未発表のものだ。印刷したほうには『春』と題した詩もあり〈いまは散りくる花びらもなく（略）／赤い口を開けているだけだ〉と壮絶な孤独を歌う。土田が作曲した村野《火の桜》のめくるめく音と一体となり、そこにヴィトゲンシュタインが記した〈明日、太陽が昇るとは限らない〉も紛れ込み、頭の中に言葉と音、光と闇がうずまいた。

雨の音

2023.2.19

「未熟ですが、と自ら言うのは謙虚ではない」と、個性的な宗教学者であった仁戸田六三郎《にえだろくさぶろう》（一九〇七～八一年）が断じていた。「未だ熟せずは、いずれ熟す、を想定している」からだそうだ。

噴き出したが、「熟す、とは何か」との問いが自分の中に刻まれた。

生きている時間と共に熟してゆく、と人はなんとなく思っているのではないだろうか。個人の人生についてはいろいろあるだろうが、たとえば芸術に関しては、誰もが、作者の生きている時間につれて、生み出す作品の深さ、幅の大きさが増してゆくと思うだろう。

言うまでもなく、天才は居る。ゲーテの詩に付けて、ドイツ歌曲史に燦然と輝く《魔王》を作曲したとき、シューベルトは十八歳である！　ランボーは十九歳で書いた詩集『地獄の季節』を生涯、超えられなかったと思う。

このほど、とあるコンサートでブラームスの歌曲《雨の歌》（Op. 59–3）と、同じくブラームスの《ヴァイオリン・ソナタ第一番ト長調「雨の歌」》（Op. 78）が続けて演奏された。

歌曲《雨の歌》の詩は、ブラームスと同じ北ドイツ出身のグロートの作。

〈降りしぶけ、雨よ、／私たちが子供のとき見た夢をもう一度見せて／木の葉に水玉がいっぱい付き、芽が青みを増していた／ハダシで雨水の流れに入り、あちこち草の中を歩き回った（略）／

降りしぶけ、雨よ、／外で雨だれが音を立てている間、／私たちが戸口で歌っていた歌を、／もう一度聴かせて〉

子どものころ、夏の日の野で突然襲ってきた雨を思い出して、グロートは、出身地の低地ドイツ語で言葉をつむいだ。ブラームスは、どこか懐かしさと寂しさが溶け合う旋律を付けている。上下行するピアノの八分音符は、雨音か、かすかな独り言のよう。

クララ・シューマンの五十四歳の誕生日に、この曲をブラームスはプレゼントした。

六年後、ブラームスは《雨の歌》の旋律を取り入れ、ヴァイオリン・ソナタ第一番を作曲した。そのころ、シューマンの末っ子のフェリックスの病が重く、ブラームスは第二楽章の初めの部分の楽譜の裏に、クララを慰める文面の手紙を書いて送っている。

クララからブラームスへの返信は、フェリックスの死を伝えるものになった。ブラームスは葬送の音を第二楽章に書き加えた。そして第三楽章から、少年が野に遊ぶ《雨の歌》が聞こえてくる。フェリックスの姿を重ねて、深めたのかもしれない。

今、社会の背後に、情報のあふれるネット社会がもうひとつあり、仮想空間を含み二重になっている。芸術の諸分野、音楽においても、この二重性を生かし、輻輳した情報の下に新たな世界を開く天才は生まれてくるに違いない。

しかし、熟すとは、どれほどの情報社会になろうとも、情報量や生きている時間の多寡にかかわりなく、個人がいかに自分の内面に降りてゆくかにかかっているのではないだろうか。

夏の日の雨の思い出は、人の底の深い部分に降り注ぐ。

帰れない

2023.3.19

詳しくない土地なので、広島駅の新幹線口からタクシーに乗った。広島交響楽団「ディスカバリー・シリーズ『新世界より』第四回」（二月十七日）を聴きに行くためだ。下野竜也音楽総監督が始めたこのシリーズ、極めてユニークなプログラムで、何回か聴きに行っている。

道路が混んでいて、端正な小さい顔の運転手さんが裏道を走ってくれた。「詳しいですね」「もう、広島で五十年やっとるけー」と広島弁で。「それまでは京都で着物の着付けを指導しとった。その前は競馬のジョッキー」。

運転手さんの実家は競走馬を三頭持っていた裕福な呉服屋さんで、自分も馬が好きでジョッキーになり、阪神競馬場の重賞レースにも出場した。馬主に連れられて料亭に行った際、十代の舞妓さんと出会う。間に立ってくれた女の人が「お互いひかれあったんだから、あんた、手紙書きなさい。宛名書きは男の人の字じゃ本人に届かないから」と封筒の表裏は書いてくれて文通が始まり、会うように。

そこまで聞いて思い出し「駆け落ちしたんですよね」と合いの手を入れた。「私が二十二歳、彼女が十九歳で、嵐山へ。今は観光客でいっぱいだけど、そのころは竹藪しかなかった」「その話、去年かおととし、聞きましたたよ。偶然、同じタクシーなんだ！」「いつも広島駅で客待ちしとるから」。広島の地は駆け落ちの続きでもある。

四十年も前だが、ドイツに住んでいて、やはりコンサートへ行くのにタクシーに乗ったことを思い出した。「日本人ですか？」とドイツ語で聞いてきた運転手さんの顔はよく見ると細おもての日本人だった。新潟県出身で、三十年ほどタクシーをしていて、一人暮らしらしい。「父が毎夏、ドイツの大学に授業を受けに来ていて、ある年、授業中に倒れて亡くなった。引き取りに来て、その後も何回か来て、住み着いてしまった」と暗い感じで語った。今ひとつ理由は分からなかった。ドイツ暮らしが快適な訳でもないらしい。「差別はいくらでもありますよ」と。二度と姿を見ることはなかったが、あの運転手さんも繰り返し話し続けているのだろうか。タクシーは、異なる日々を過ごしてきた見えない人生が、同じひとつの場所に向かう不思議な空間だ。

コンサートのメインはチェコの作曲家、マルティヌー《交響曲第四番》。第二次世界大戦が終わった年に作曲された。アメリカに亡命していたマルティヌーは、故郷に帰れると思ったのか、珍しく、全編明るい。だが、《交響曲第四番》以後も、彼は死ぬまで故郷に戻れなかった。

マルティヌーの曲は、ひとつのテーマに楽器が従うことは少なく、さまざまな楽器がそれぞれに動く。部分々々に点描的に焦点が当てられ、変化に富んだ断面が生きいきと躍動する。

マルティヌーがなぜ帰れなかったかは詳しく知らないし、考えてみれば、会場に集っている聴衆の誰のことも、どのような人生を送ってきたのか、知らない。しかし、まるでさまざまな人がさまざまに人生を語っているような音の動きに包まれ、どこからか自分も呼び掛けられているように感じた。

立ちつくす

2023.4.16

箱根の森の中のポーラ美術館で開かれている「丸山直文　水を蹴る―仙石原」へ入った。

館内の一角が、もやに染まった湖になっている感覚に包まれる。昨年から今年にかけて描かれた丸山のアクリル画の連作六点が展示され、「水を蹴る」の表題の下、それぞれに（しかしやがて）（この間に）（ここから）（あたりに）（そこでは）（そこに）と副題が付いている。

『水を蹴る（この間に）』は、淡い緑と淡い黄を浮かべた平面が、静けさを秘めた湖水を思わせる。二色がおぼろげにゆっくりと波紋を広げ、絵の上部に板一枚のような小さな舟に立ってこぐ人の姿が、気づかないほどの薄い緑で描かれている。棹で水を蹴るというより、ゆらいでいる水面の上に、立ちつくしている。水面に映る影のほうがやや緑が濃い。それが存在の不確かさを水面に投げかける。輪を描く緑と黄のそれぞれの濃淡の違いが遠近感を醸しだし、離れた遠くへ吸い込まれる。

東京・サントリーホールでもステージの奥の海に誘われた。

メゾソプラノのワルトラウト・マイヤーが開いた「さよならコンサート」（三月十四日）。独・バイロイト音楽祭に数多く出演し、情感豊かな声で《ニーベルングの指環》の幸薄い女性・ジークリンデや、《ローエングリン》の悪女・オルトムートを堪能させたマイヤーが最後に選んだのは、ワーグナーの楽劇ではなく、シューベルト《糸を紡ぐグレートヒェン》をはじめ、ブラームス、マーラーなどのドイツ歌曲であった。

前半の終わり近くに歌われたR・シュトラウスの《あしたに！（Morgen!）》。新婚時のシュトラウスの作品で、ピアノの前奏がまるで曲の終わりのように始まり、浜辺に二人で降りてゆき、見つめあう情景が描かれている。さんさんと日が降り注いで、誰もいない時間が、マイヤーのひっそりとした声、ひとつひとつの音の余韻を追うヨーゼフ・ブラインルのピアノの響きから浮かび上がる。

ピアノの後奏の前に長い休止があり、無音が訪れる。そのとき、舞台の奥から寄せては返す波の音が聞こえる気がして、つぶった目に大海原が浮かんだ。見つめあっている二人の足もとは崩れる砂で、背後にはゆれて空と溶けあう波がある。確かなものは何もない。

聴きながら、かつて昼間に行われた病院コンサートで、フィンランドのソプラノが《あしたに！》を歌ったことを思い出していた。私は本番の前の練習のときに「この曲は一度終わってから始まる」と誰へともなく話していた。いつものメンバーによる最後のコンサートで、全員が翌日から別々になることが分かっていたからかもしれない。そのときは音のない長い休止に、庭に来た小鳥の鳴き声がまじって、沈黙をやわらげた。

マイヤーの繊細な声、フレーズのなめらかな誘いは、単に陶酔を呼ぶのではない。こちらからさまざまな世界を引き出し、不意に連れてゆく。この世界は別の世界でもあり、誰もが立ち尽くす。湖面も、海辺も、過去も、ゆらいでいる。そこに居ながら、そこではない。

新しい緑

2023.5.21

「お台場」あたりを車で通ると、子どものころ少年雑誌に見開きで載っていた「未来図」が頭をよぎる。モノクロの絵だったが、飛行機近くまで高層ビルが建ち並び、その間を縫って、眼下の海から天に架けられたかのように高速道路が幾重にも回り、無人運転の自動車が走り回っている。そのころは影も形もなかった「お台場」をまさに写生したような絵で、並びの頁にはリニアモーターカーの予想図も載っていた。

そのせいか、無人運転の電気自動車が今後の主流になる、とニュースで見ても、どこか既視感にとらわれる。すべてかつての人間の想像の内にあったからだろうか。コンピューターが自分で考え始めたらとんでもないことが起きる、と少年雑誌には恐ろしい未来ストーリーも予測されていた。

ＡＩ（人工知能）によるチャットＧＰＴがそれに踏み込んだかにも思えるが、考えると言っても過去の膨大なデータから類推・演繹するので、これは想定内のことだ。これまでの未来予想で実現していないものは「透明人間」ぐらいか、と思っていたところ「メタバース」の世界が作り出され、これは形を変えた「透明人間」と思い至った。

透明人間の本質は、自分の姿をすっかり消して他の存在と世界を見渡すところにある。メタバースの世界は、自分が作り出した人物が、仮想世界に生活するので、透明人間を体験させてくれるとも言える。

私の関係する音楽大学に突然、ある人が訪ねてきた。「想像を超える楽器を作りだした」との触れ込みに、うさん臭さと同時に興味も感じ、断らずに会った。きちんとネクタイを締めた中年の会社員風の男性で「従来、新しい楽器として開発されたものはすべてものまね。オンドマルトノもシンセサイザーも、以前の鍵盤楽器の発想を超えず、なぞっているに過ぎない」という主張は理論的だ。

長い前口上のあと、アルミ製の機械のような二十センチ四方の箱をテーブルに出した。中にコンピューターのチップが百以上詰め込まれているらしい。「どうやって弾くのですか?」と問うと「それが従来の発想にとらわれているのです。この楽器は弾きません。あなたが心の内に思った音を出すのです。この箱に向かって何かを思ってください」と説明する。会わなければよかった…と悔いたが遅い。箱を見つめると、何かカチカチと音がした。「機械音が出る楽器は二十世紀初めに未来派の人たちがすでに作り出してますよ」と言うと「あなたが心でそう思ったので機械音が出るのです」と応じる。早々にお引き取りを願った。

最近、神田にあるイタリアンのレストランを紹介された。マスターが昔の蓄音機やロウ管を集めている。こぢんまりとした店の中で、古いSPを竹の針でかけ、ジネット・ヌヴーのヴァイオリンを聴かせてくれた。実際にそこで楽器を弾いている場に立ち会っているとしか思えず、魅了された。人と楽器が呼吸している。手巻きのゼンマイ動力から生まれてきた音が、世界を開いてゆく。

表に出ると、木々の新緑がまぶしい。毎年変わらない緑が新しい。

昼のさなかに

2023.6.18

蝶が飛んでいると、周りの空が晴れやかに感じられる。大気に親しみが生まれ、一緒に花を見たり蜜を探したり、近くの空なら、自分も飛べそうな気もする。しかし紫外線をも受け付ける蝶の目は、晴れた日も黒く見える世界を飛んでいるらしい。

小学生のとき、先生に連れられて皆で、捕虫網とカゴを持って石神井公園へ蝶を捕りに行った。アゲハもそこそこ飛んでいて、自分も黒に緑の線が混じるアゲハをカゴに入れることができた。ここは「蝶の道」と先生から教わった。標識もない空間に道があることに驚いた。

拙宅の門の脇の狭い空間に、毎年、黒いアゲハや白いモンシロチョウがよく飛んでくる。「蝶の道」かもしれない。だが、今年は全く見かけない。温かくなっても蝶が飛んでいないと空気が切り立って感じられ、自分の中では映像で見た今のウクライナの春とも結びつく。

小さな異変を受け取っていたところ、埋め合わせるように、薄緑と水色が溶けあった淡い色の大きな羽を持つ蝶が、門の脇の白い鉢に止まっていた。鉢は以前、薄い青のライラックを植えていたが、土に合わないらしく枯れてしまい、今は土だけが入っている。

朝、出かけるときに止まっていて、夜遅く帰って見るとまだ止まっている。蝶ではなく蛾かもしれないと思い、調べるとまさにその形でオオミズアオという蛾の画像が出ていた。羽を広げて十センチほどという大きさもぴったり。蛾は醜悪なものしか思い浮かばなかったので驚いた。次の日もその次の日の真夜中も、そのまま止まっていた。開いた美しい羽に夜のしじまを集めている。

ラヴェルのピアノ組曲《鏡》の第一曲は《蛾》と題される。フランス語もドイツ語も蝶と蛾を明確に別の言葉に分けていない。この曲のインスピレーションを得たファルグの詩に蛾は出てくるが、ラヴェルの原題（Noctuelles）は娼婦をも暗示している。

曲はまさに夜に集まる蛾の姿が浮かび上がる。光に舞う羽からこぼれ落ちてゆく銀鱗なのか、ピアノは速い高音が不規則に連なる。ゆっくりとした中間部ではしばしばバスが鳴り、底に不気味な夜が沈んでいる。そこから不意に弱音で expressif（フランス語で表情豊かに）と書いてあるアルペジオと和音が浮かびあがり、不思議な美しさをただよわせる。前からその、はかない、しかし記憶の底に残る響きに魅せられていた。オオミズアオが蛾と分かったとき、淡い緑と水色の溶けあった色が響きに重なった。ラヴェルもオオミズアオを見たかもしれないが、それが中間部の不意をつく変ト長調の和音を特定するわけではない。ただ感覚として、転調する響きと不思議な美しい色の渾然とする世界が、切ない。

オオミズアオは、羽化して一週間ほどの命という。口が退化しており、何も食べられない。自分の命を維持するために何かを殺すことはない。

鉢に止まっていたオオミズアオは、光が満ちた昼のさなかに、消えた。

門から少し離れた道に、美しい羽と急降下したらしいカラスの黒い羽が散らばっていた。

PART 2

音のパースペクティヴ

「新・コンサートを読む」 2017年４月～2022年３月

「コンサートからの問い」 2022年４月～2023年６月

ペヌティエが弾くシューベルトの即興曲

時を止める〝記憶の入れ物〟

2017.4.15

陶芸作家の展覧会場へ行くと、作品のほうから目に入ってくることがある。およそ二十点を超える吉村利美のものは、ほとんどが土のような色や肌触りを伝えてきた。少し折れかかった塔のような形、平たい落ち葉の姿をしているもの。

そのうちのひとつに、目の焦点が合ってきた。大きなどんぐりを縦に半分に切ったような形をしており、高さ十センチもないが、下側が少し赤土のよう、上側はやや枯れ葉色に分かれ、全体にざらざらした触感が想像できる。背中を丸くした路傍のお地蔵さんのデフォルメにも感じられる。

手にすると、ざらざらしていながらもなめらかで、上下の色の境目から蓋が取れるようになっていた。緑がかった石灰色のような内側には、卵がひとつ入るほどの空間がある。作品名が『記憶の入れ物』とある。大切な記憶はこの小さな空間に入るほどしかないのだろうか。それとも記憶はそこからあふれてゆくものなのか。人間の歴史なぞ大層なものではない、との意味だろうか。

吉村が、かたつむりについて書いた文章があった。秋も終わりに枯れ葉の中に「石灰質になってしまった風化寸前の抜け殻」を見つけ、仕事場の机の上に持ち帰る。わずかに開いた穴に「秋の陽《ひ》が透《とお》っている」。「誰かが、化石の表面を一枚はぎ取って、造り上げたのだろうか」。吉村は、穴にある「ほんのり溜まった冬ごもりのための空気」と「人の手を拒む脆《もろ》さ」に打たれる。「記憶の入れ物」の土は、創作に葛藤する痕跡を静かに秘めている。

吉村は一九四九年、茨城県生まれ。同県笠間市に住み、青森県に移住して二〇一六年十一月に亡くなった。翌年三月に開かれた「吉村利美・平澤重信　二人展」（アスクエア神田ギャラリー）で作品に出会った一週間後、その笠間市で行われた「茨城国際音楽アカデミー・イン・かさま」でジャン＝クロード・ペヌティエのピアノ・リサイタルを聴いた。

二曲目に弾いたシューベルト《四つの即興曲》（D899）より第三番変ト長調。技術的には、小学校高学年にもなれば弾ける曲で、難しくはない。分散和音の上に乗る伸びやかな旋律は、誰もがピアノを歌わせたくなるだろう。しかし、それがかえって演奏を浅くするのかもしれない。流れるように旋律を歌おうとすると、旋律と伴奏が分離しがちになる。

ペヌティエの演奏を聴いて、改めて、そこに置かれているものに気がついた。ペヌティエは、あえて旋律を浮き立たせようとはしない。旋律の一つ一つの音が和音から生まれて、音が立ち止まり記憶を呼ぶ。森が枯葉や枝や木や草やさまざまなものから成り立っているように、いろいろなものが溶け合ってひとつひとつの音が、そこにある。

消えゆく束の間に、「秋の陽が透る」存在感。

終演後、ペヌティエは「シューベルトのこの即興曲は、時を止めている」と語ってくれた。

吉村の『記憶の入れ物』も、時を止めている。

傷ついた宇宙への通路

ベアトリーチェ・ラナと大垣美穂子

2017.5.20

ジュール・ヴェルヌの『海底二万里』や『地底旅行』を読んだ子供のころ、海底や火山のどこか一角に気づかれない洞窟があって、その小さな所から膨大な海底都市や地底の世界に通じると思っていた。今でも時折、どこからか異次元の世界に紛れ込む予感がする。

四月二十五日、「大垣美穂子展」を見るため、新宿で初めて訪ねて行くギャラリー、KEN NAKAHASHIを探した。

ギャラリーが入っているビルの名称も住所もチラシにあったので、スマホのナビで探したが、見つからない。地図上では到着しているはずなのに、分からない。

近くの屋台のおじさんに訊くと、とてもビルには見えない目の前の古い建物が目的地であった。ギャラリーはいちばん上、五階にある。

入口らしい小さなガラスドアを見つけて入ると、はしごに近い急な階段にぶつかった。はげ落ちたコンクリートの段が折り返すわずかな踊り場の両側が居室らしい。二階に〝おやき〟の店がある以外、どこも使われていないようだ。五階にたどりついて、息が切れた。

踊り場の右側に黒い遮光幕がかかっている。かき分けて中へ行くと一瞬、何も見えず動けない。慣れて少し進むと大垣美穂子の作品が目に入ってきた。光の点がつらなる人体のような立像が闇に浮かんでいる。足元を確かめながら恐る恐る近づくと、黒い固そうな材質のものでかたどられた立像に無数の小さな穴が開いていて、その穴を通して体の中から光がもれてくる。心臓のあたりからいちばん強い光が出ている。人体の背後は天地全面に宇宙の闇の写真が広がり、星の渦が光を発している。

立像から人体の抱える死や苦悩がにじみ出てきて、やがて宇宙に一体化して遠のいてゆく。ごみごみした新宿の片隅の穴ぐらから、宇宙に通じていた。

その日、トッパンホールへ行き、イタリアの若い女性ピアニスト、ベアトリーチェ・ラナが弾くバッハ《ゴルトベルク変奏曲》を聴いた。

かすかな光が無数の穴からもれてくるように初めのアリアがそっと聞こえる。指の軽やかさから生まれる、やわらかく透きとおった響きだが、それは無駄に動かない腕の下側の強靱な筋肉によって支えられているように見える。背中も微動だにせず、一瞬、人体の座像がピアノを弾いているかに思われた。

アリアの変奏が始まるにつれてさまざまな光が交錯し、音が自由を得てゆく。悲哀が沈み込む第二十五変奏曲前後から自由度はますます増し、時に本来のフレーズが分からなくなるほど即興感が極まってくる。そのまま奏者がいつまでも弾き続けて鍵盤の前で狂っていてもおかしくないと、ふと思う。その演奏は明らかに宇宙に通じており、しかしそこに痛みが差している。

バッハが見たであろうかつての完全なる宇宙と異なって、私たちが通じている宇宙は傷ついている。大垣の作品とラナの演奏はそう語っている。

世界に見入るたたずまい

萩原麻未のラヴェル・ピアノ協奏曲

2017.6.17

ひっそりとした語り掛けを広く伝えようとすることには、矛盾がある。

ブランショの「孤独のアポリア」の論を経なければならないだろう。アポリアとは解決不可能な行き詰まりのこと。ブランショは「私は孤独だ」と表現することに疑問を呈する。もし孤独であることが伝わればもはや孤独ではない。自分の孤独を意識しながら、表現することで他人の孤独を妨げようともしている。

表現は、伝えるためにするのではないのかもしれない。しかし、伝えることでしか表現はできない。ピアニッシモとは何だろうか？　限りなく弱音に近づくと、伝えられる範囲は狭まる。音楽表現の中で、時にピアニッシモが求められるのはなぜだろうか？

「ラ・フォル・ジュルネ・オ・ジャポン２０１７」において萩原麻未がパスカル・ロフェ指揮フランス国立ロワール管弦楽団とラヴェルのピアノ協奏曲ト長調を共演した（五月六日）。場所は東京国際フォーラムの五千人収容のホールA。これだけの規模になると、オーケストラの音量でも、スピーカーの助けを借りなければ豊かな響きにはならない。

ラヴェルには孤独に夢見がちな音がある。その眼差しがピアノ協奏曲ト長調では、不思議な華やかさをも、もたらしている。ラヴェルのふるさと、スペインのバスク地方の音や赤、緑の原色がエキゾティシズムとして、風にそよぐように降り注ぐ。アメリカのジャズがそこに飛び跳ねる。ムチの一振りで始まる第一楽章は、リズムと速度を絡み合わせる萩原の先導が心地よい。完璧なテクニックを繰り広げながらもそれを微塵も感じさせない（ホールが巨大なのでピアニストの手元は映像としても流され、遠くからでも見える）。

憂いを帯びたロ短調の第二主題に入ると、ピアノの音は粒をきらめかせながらもやわらかくたゆたう。

その音は徐々に、研ぎ澄まされた神経の角を取り、包み込む。決してエキゾティシズムに頼らない。そして、弱音へ向かって、孤独をまとい始める。すると、ピアノの音量より大きいオーケストラの管楽器や弦の集まりが、遠い潮騒のようにかなたへ広がる。

ピアノはついには最弱音になり、語りかけるというより、聞き耳をたてているよう。ハープが静かに響きを刻印したあとの、ピアノのなめらかなトリルによるカデンツァも、第二楽章冒頭のピアノの長い独白も、心をひたすらに開いて見入っているように思える。

何に見入っているのだろうか。息をひそめなければ壊れてしまうものにだろう。その音はマイクで拾われ会場のすみずみまで響いているのだが、明らかにピアニッシモとして伝わってくる。

ピアニッシモとは音量の小さなことではない。それは、世界に見入る姿勢の在りようだろう。その孤独へのたたずまいが広く伝わっても、それは壊れない。

ラヴェルのきらめきと萩原のピアニッシモが、萩原の夢とラヴェルの孤独が、溶け合っている。

余剰を削った音と形

鈴木雅明の指揮と吉村利美の陶芸作品

2017.7.15

「確かなもの」を見つけるのは難しい。不確かなものがあふれている世の中だからだろうか。「確かなもの」とは「まさにそのものだ」と本質を現すものではあろうが、「それ以外には他にない」ものではないだろう。

鈴木雅明指揮バッハ・コレギウム・ジャパンが、調布市で開かれた「調布国際音楽祭」の最終日に、モーツァルトの歌劇《ドン・ジョヴァンニ》序曲、《交響曲第四十番ト短調》《ヴァイオリン協奏曲第三番ト長調》《交響曲第四十一番ハ長調「ジュピター」》のモーツァルト・プログラムを組んだ（六月十八日、調布グリーンホール）。

《第四十番》の第一楽章の出だし、弦楽器の低音が誘い込むような拍節感をもって迫ってくる。深い響きが沈むように跳ね、跳ねるように沈む。その上に乗るト短調の第一主題は、悲しみに関するさまざまな形容の言葉を生んできた旋律だが、この演奏ではそれらの言葉を思い出しもしない。それぞれの音符が表している音の幅、奥行き、バランス、組み合わせをもって、揺るぎのない形を提示しているように思える。

楽譜通りということではない。しかしその響きは、そこにある原型をしっかりと感じさせ、無駄な感情の入り込むすきがない。

第一主題を締めくくる管楽器の和音が、終わりに向かわずに鮮烈に新しい世界の面ざしを予告し、衝撃を与える。続く経過部の進行が、単なる経過ではなく予告された世界をさらに広げる。変ロ長調の第二主題は、むしろ経過部よりも控えめに、表に出ようとしない。長調の優しさを持ちながらも、不安がきしむ。第一主題を次々に転調させてゆく展開部が、なだれ落ちるような崩壊感覚をもたらした。

崩壊から徐々に立ち直ってゆく変ホ長調の第二楽章も、決して抒情過多にならず、体の底のリズムを聴き取って進められる。

四楽章すべてのいずれの音にも自己顕示や激しい自己主張がない。鈴木雅明の志向に協和したバッハ・コレギウム・ジャパンの全員が、自分の中の余剰なものをすべて削っているように思える。「確かなもの」は、削れるものをすべて削ったときに初めて生じると教えられる気がした。

四日後、吉村利美の晩年の陶芸作品を見た。『菓子入れ』と題された蓋物で、くすんだ白の土の肌に主張はなく、絵付けもされていない。当たる光の具合によって影がさし、薄い灰色のようにも見えて、かすかな青みも帯びる。

形は両の手で包んだときの手のひらの内側にそのまま沿うようにわずかな曲線を描き、心もち丸みを帯びた平たい蓋が調和する。削れるものはすべて削っている。

その形が目や皮膚に伝える質感は、調布で《交響曲第四十番ト短調》を聴いた直後の感覚に近い。見つめているうちに、「確かなもの」が「宥《ゆる》し」に思えた。

バイロイトの《マイスタージンガー》

ワーグナーを法廷で裁く

2017.8.19

一九一七年夏のドイツ・バイロイト音楽祭で演出を一新されたワーグナー《ニュルンベルクのマイスタージンガー》は、喜劇的要素を交えながら、世界の状況を問う重い舞台であった。

この楽劇の主題は、一六世紀ドイツの芸術・思想における保守と革新の争いである。美しいエヴァを花嫁にする権利をかけて、旧来の規則を教条主義的に信じる市の書記・ベックメッサーと、自由な感性の若い騎士・ヴァルターが歌合戦で争い、開かれた意識を持つ靴屋のマイスター、ザックスがヴァルターを応援する。後世、問題にされたのは、ザックスがドイツ礼賛を繰り広げる展開で、これがワーグナーの反ユダヤ主義、バイロイトとナチの結び付きと重ねられることになった。

今回、バイロイトに初登場したバリー・コスキーの演出は、冒頭、前奏曲の間、ト書きにないワーグナー家の客室を舞台に出す。そこに犬を連れたワーグナーや、二度目の妻のコジマ、彼女の父のピアニストのリストらが集う。ワーグナーは誰彼となくあいさつしたり、届いた香水セットを開けたり、せわしない。リストは瞑想にふけってピアノに向かい、いかにも彼らしい。ひと目では分からない人物もいるが、ワーグナーが手取り足取り指揮や宗教作法を教えるので、ユダヤ人指揮者のレヴィかなと想像がつく。

前奏曲が終わる。すると、サロンの人物たちが、ワーグナーがザックスに、コジマがエヴァに、というように第一幕以降の登場人物に成り代わることに驚かされる。中でも衝撃的なのが、ユダヤ人のレヴィがベックメッサーになることだろう。ベックメッサーは元来あざ笑われる道化的役回りであったが、今回の演出では哀れになるほどいじめられ、民衆から追い出される。

現在、欧米の主要諸国はイスラム過激派への非難を強めている。その中で、ベックメッサーをユダヤ人として見立てたことの意味は重い。ヨーロッパの反ユダヤ主義から追われたユダヤ人がイスラエルを立国し、土地を奪われたイスラム教徒が過激化した、との道筋をも指摘したことになるからである。事実、終幕にはさらなる衝撃が待っていた。第二次世界大戦後にナチの裁判が行われたニュルンベルク裁判の法廷が舞台の背景に映されたのである。ワーグナーが、バイロイトの舞台で法廷に立たされた。

複雑な演出を音楽的に豊かにこなしていたことは称賛に価するだろう。ベックメッサー役のクレンツレは、従来とは異なる役回りを、苦悩を秘めた動きと声で見事に表出した。エヴァ役のシュヴァネヴィルムスは声が安定せず（初日所見）ブーイングを浴びたが、ザックス役のフォッレが舞台を大きくした。特にエヴァに対するほのかな恋心のような情感を魅力的に聴かせていた。ヴァルター役のフォークトはやわらかな高音が美しい。

指揮のジョルダンは終幕、ニュルンベルク裁判の法廷を背景にした場で深い響きをつくり出し、喜劇的でもある舞台を、演出の狙い通り、真摯な歴史的な怒りを秘めたものにした。

生産性を離れて見える美

草津の音楽祭で遠山慶子のピアノを聴く

2017.9.16

寝る間も惜しんで、という言葉がある。それだけ働かざるを得ない、あるいは活動的でありたい、等々の気持ちの表れだろう。寝ることが非生産の極みに置かれている。確かに、寝ている間は普通、意識もなく、人格も感じられない。寝ほうけていれば、蚊に刺されても気づかない。もし、寝ないですむなら、単純に人生を二倍に使えることになる。

しかし寝なければ、目覚めてから世界に接する、稀かもしれないが、美しい、あの一瞬を失ってしまう。眠った後、頬は、少しの風の動きをも優しく感じさせてくれる。耳は、わずかな小鳥たちの鳴き声も探して聞かせてくれる。早朝にそれは鮮やかだが、もっと前に起き出す生き物たちと、夜中を過ぎて寝につく生き物たちが交代する一瞬、ファーブルによると地上が青く染まると言う。目覚めたときの感覚が研ぎ澄まされているとすれば、寝ることは非生産的ではなく、生産の極みなのかもしれない。

夏の草津の音楽祭で行われた遠山慶子のピアノの演奏を聴いた。遠山の演奏に触れる機会は、今では、年に数えるほどしかない。

今回はドイツのヴァイオリニスト、ガヴリーロフとの共演で、モーツァルトのヴァイオリン・ソナタ ハ長調K二九六とベートーヴェンのヴァイオリン・ソナタ第十番ト長調の二曲。ガヴリーロフが八十八歳の高齢ということもあって、遠山は事前に「合わせ」にベルリンへ赴いたという。日常的な損得計算とは関わりなく豊かに注ぎ込まれた時間。

今夏の音楽祭の始まりは篠突く雨に見舞われ、灰色に雲が垂れ込めていた。八月十九日の午後四時から始まる遠山のコンサートの直前、いくつかの真っ白な雲以外はすべてが吹き払われた。まるで朝の日差しが当たったように木の葉や道に残る雨粒が光り輝いて転がる。それはそのままモーツァルトの音として遠山の指先から舞い跳ねていた。

第一楽章アレグロ・ヴィヴァーチェから何の邪気もなく聞こえるモーツァルトの旋律が、ヴァイオリンの支えを得て軽やかに跳び立つ。第二楽章アンダンテ・ソステヌートは少し遊び疲れて夢うつつのよう。第三楽章ロンド～アレグロは遠山の手にかかると楽しく駆け回ることが優雅の極みになる。

一転してベートーヴェンの響きは、奥深い草津の山へ入り込む。アレグロ・モデラートの第一楽章をゆっくりと、ヴァイオリンとピアノが静かに声を交わし合ううちに、背筋をぴんと伸ばした実直な教師のようなガヴリーロフが遠山の声に聞き惚れている。《クロイツェル・ソナタ》までの九曲を経て時間をおいたベートーヴェンが力みを見せずに取り組んだト長調。遠山はベートーヴェンの言葉の意図を探るように自らとヴァイオリンの音型に耳を傾け、静かに響きの内部へ入ってゆく。ベートーヴェンにおいて革新と神秘が同義であることに初めて気づかされた。

生産性から遠く離れてこそ、世界が奥深くまで見えるのかもしれない。

バイエルン歌劇場の《タンホイザー》

絶対ではない倫理と身体

2017.10.21

不倫報道が相次いでいる。一時代前ならば政治家や芸能人に対して、不倫を人格的に非難する風潮はそれほどなかったろう。現代は、政治権力とネット社会の双方から監視カメラが張り巡らされ、一挙手一投足が追尾される。私見だが、時代がきな臭くなると、国を統率するためだろうか、倫理的な問題にタガをはめるように思える。不倫の指弾は、どこかで時代と結び付いているのかもしれない。

不倫を非難する根拠は法律というよりも、本来は宗教を含めた思想である。対象を一人にすることを求め、複数を対象にすることを許さないのだが、それは、一人ならば性を愛の精神性の中に位置づけられるが、複数になると情欲、肉体性の範疇になるとする考え方によっている。ギリシャ以来、肉体は常に精神の下位に置かれてきた。

バイエルン国立歌劇場が来日、ミュンヘンで上演されたばかりの《タンホイザー》が東京でも上演された（九月、NHKホール）。

主人公の騎士、タンホイザー（フォークト）は、領主の姪・エリーザベト（ダッシュ）との清純な愛があるにもかかわらず、ヴェーヌス（パンクラトヴァ）の情欲の城を訪れ、快楽におぼれる。

この精神的な愛と肉体的な官能の対立は、さまざまに演出されてきた。かつては精神性を上位にするものが主流であったが、徐々に、官能の世界を魅力的に描いて価値を置く演出も増えてきた。

カステルッチの新演出が冒頭から観客を驚かす。ワーグナーが荘厳な響きと官能的な音形の葛藤を込めた序曲が流れる間、舞台にはギリシャの巫女のような女性が両袖から十二人ずつ現れ、上半身を露わにして、舞台中央の上に映し出された眼球と耳に矢を射る。古代ギリシャの歴史家、ヘロドトスが伝える神殿内の神聖娼婦の存在を想起させる狙いだろうか。

演奏は緻密な表現で堪能させた。領主（ツェッペンフェルト）の凛とした深い声、官能を超えたヴェーヌスの格調ある美声。指揮のペトレンコの繊細でひとつの無駄もない音楽づくり。

舞台上の肉欲の世界は露骨な性表現だが、どこか儀式めいてリアリティが感じられない。とはいえ聖母マリアの救いにかけるエリーザベトの世界に重きが置かれるわけでもない。

最終幕、聖堂に並んだ二つの棺は、エリーザベトとタンホイザーのためのものだろうが、そこへ次々に運ばれてきた死体が繰り返し棺に出し入れされてゆく。醜い死体もあれば、しゃれこうべも散らばる。しかも棺には当夜の歌手の名前が刻まれている。清らかな愛、救いが、美の装いをはがされ、精神世界の永遠性が突き崩される。

舞台に常に見え隠れしていた弓を持つ巫女たちの残像もあってか、時の長い流れに無数の矢が刺さり、宗教的な倫理も官能的な身体もどちらも絶対ではないと無常観に近いものが吹き渡ってきた。

射られた矢の一本は日本の不倫騒動に届くだろうか。

2017.11.18

現代の視点で批判しない

白井とヘルの《女の愛と生涯》

「女性の鑑」という慣用句は死語に近い。口にするだけで、古い、女性蔑視、と笑われそうだ。かつてはこの言葉は崇高な響きを伴っていた。「女性の鑑」を主題に据えた物語、詩、伝記は数々ある。

シューマンの歌曲集《女の愛と生涯》のテクストであるシャミッソーの詩にも、「女性の鑑」の典型が見られる。一人の男性に尽くし切る、男性にとっての理想像が描かれており、現代では居心地の悪さを感じる人も多いだろう。そのせいか、アナクロニズムを浮かび上がらせるために男性が歌ったり（ゲルネ）、各曲の間に他の曲を入れて「女性の鑑」としての構成を遮断したり（クールマン）、この曲集にはさまざまな取り組みが試みられる。

第一生命ホールで《女の愛と生涯》を取り上げたメゾソプラノの白井光子とピアノのハルトムート・ヘルは、形として特に変わったことはしなかった（十月二十八日）。

白井とヘルのようにシュトゥットガルト音大の学生のころから続いているデュオともなると、その関係性も自然に音楽に反映される。互いが繊細に反応しあう気遣いが声、音のひとつひとつに反映していた初期。その後、白井を置いてヘルの音楽が勝手に展開され、冷たさが感じられるときもあった。白井が大病したあと、ヘルの思いやりに満ちたピアノ・パートの上に、白井は心細そうに立っていた。

そして今、彼らの《女の愛と生涯》には、互いにとらわれない自由が染み渡っていた。ヘルのピアノは大胆苛烈に伸縮し、たきつけ、走り、楽譜を逸脱するかに思われる。と思うと、ピアニッシモに優しさを極め、白井を乗せる。勝手気ままな解釈とも言えるが、それによって浮かび上がるシューマンの特異な魅力も聞こえてきた。対して、白井の音楽を形づくるのは、揺るぎのない、静謐な信念に違いない。何に対しても忠実。ヘルに対しても、曲に対しても。

第一曲初めの〈彼と出会ってから、彼しか見えない〉と歌う言葉を白井は少し弱く、やわらかく、はにかみを含むように響かせる。第二曲で、彼は誰よりも素晴らしい人とほれぬき、その彼が自分を選んでくれたことが嬉しいあまり第三曲では〈分からない、信じられない〉と戸迷う。婚約指輪にそっと口づけする第四曲において、白井の声は永遠に化すように聞こえた。婚礼の日の歌は輝きに満ち、身ごもりを夫に告げる響きは優しさ故になぜか悲しくも響く。母になった喜びのあと、夫は亡くなり〈今、あなたは私に初めての苦痛を与えました〉と全八曲を閉じる。

そこには「女性の鑑」などという押しつけられた概念はかけらも感じられず、一途で真摯な生のみが彫り込まれていた。その真摯さにおいて、心を撃つ。それがヘルの自由をも包み込む。古いとか、女性蔑視とか、現代の一般的な視点にとらわれない、白井の人生から生まれた価値観が貫かれているのだろう。さまざまなことを許容するさまざまな優しさが聞こえる。

何に対しても、私たちが一方向の視点に立って批判することの愚を、教えていた。

庄司紗矢香のショスタコーヴィチを聴く

社会との闘いが呼ぶ狂気

2018.1.20

自分と向き合うところから、演奏は生まれるのだろう。一方、社会と向き合うところから演奏家としての仕事が生まれる。真剣になればなるほど、その二つは内と外と反対を向いて、演奏をする者は引き裂かれてゆくだろう。引き裂かれまい、と闘うほどに、演奏者は孤独になる。

有名な演奏家には社会と向き合って演奏している人を多く見かける。だからこそ世に出ているのかもしれない。もちろん、有名無名にかかわらず、そして年齢を問わず、ほとんど外を向いて演奏している人もいる。それは、こう弾けば聴衆は感動するだろう、このやり方で人々は唖然《あぜん》として聞き惚れるに違いない、などと計算や狙いに満ちている。社会からも、輪を掛けて音楽以外の要請が押し寄せる。演奏に至るまでの経緯に感動的な物語が欲しい、コンクールに劇的に入れば最高、果ては美人ピアニスト、イケメンのチェリストが欲しい、といったショー的なものまで。

自分の中の本質的な音楽的欲求以外の要素が演奏の中、あるいは演奏を取り巻く状況に入り込むのを嫌って、そうした誘惑や要請と闘っている演奏者もいる。しかし、それを貫こうとすると、社会を向く面が減ることにもなり、演奏の機会そのものが少なくなるおそれがある。自分の内を見つめようとしている演奏者は、そこで、社会に迎合するか、闘うか、迫られる。

ヴァイオリニストの庄司紗矢香は、すでにその類の葛藤は超越しているかもしれない。しかし、彼女は闘っている。それは自らの存在を問う闘いに思える。ショスタコーヴィチにとってはその闘いが生命の存否に直結した。往時、ソ連共産党独裁の社会に迎合しないことは、死を意味した。党からの芸術家批判の矢面に立たされた一九四八年に書かれたヴァイオリン協奏曲第一番は、共産主義芸術観を無視する前衛性故に、完成後七年間、発表が控えられた。そこには、噴出する闘いが刻印されている。

庄司がショスタコーヴィチのこの曲をゲルギエフ指揮マリインスキー歌劇場管弦楽団と共演した（二〇一七年十二月六日、サントリーホール）。第一楽章、夜想曲の冒頭、庄司はオーケストラの低くたちこめる弦を更に沈み込ませる暗鬱な響きで入る。たゆたう抑揚の中から高みに昇る一瞬、美への憧憬が浮かぶ。強まる内圧を抑え、一面に広がる闇を、消え入りそうに見つめる。ハープとチェレスタがかすかに闇を照らし出す。

庄司はやがて激してきて、第二楽章の鋭いリズムも擦過音を恐れず突き刺す。第三楽章パッサカリアにおいて、庄司のヴァイオリンには悲痛と聖なるものが溶け合い、無限性に近づいてゆく。終楽章前のヴァイオリンの長大なカデンツァ。世界の前にただ一人で立ち尽くしているこのような音を聴いたことがない。本質のみを追求して、何ものにも素手で立ち向かう孤独な闘い。聴きながら、本質を追求すると気が狂う、という思いに打たれた。

社会と闘うことがすぐには死に結び付かない現代においても、闘い続けることは、崇高な狂気を呼ぶ。

非日常を引き出す怒り

藤原歌劇団による《道化師》

2018.2.17

刺す！　きらめく刃に一瞬、透明になった存在が映る。

時代のせいか、怒《いか》ることが少なくなった。社会が複雑に過ぎる現代においては、人は怒ったとしてもさまざまな情報が入って怒りに徹しきれないのかもしれない。怒る理由になるはずの、自分にとっての真実というものが、あるのかないのかも分からない。

藤原歌劇団が短いオペラ、マスネの《ナヴァラの娘》とレオンカヴァッロの《道化師》を二本立てで上演した（一月二十八日、東京文化会館）。

共に一八〇〇年代作曲の、社会の重い事件を描くヴェリズモ様式。組み合わせるのにふさわしいが、前半の《ナヴァラの娘》は世界でもほとんど上演されておらず、日本では今回が初演である。スペインの王位継承戦争の渦中における行き違いから、政府軍の軍曹と恋人（少数派ナヴァラ人の孤児）が互いに誤解して、軍曹は恋人の浮気を疑って敵刃に倒れ、恋人は気が狂う。藤原歌劇団の西本真子、大塚雄太、村田孝高ら若手の歌手陣が全力で取り組んで舞台の質を上げていたが、初めから最後まで劇的な場面を創出しようとする筋立てのせいか、作りものめいた感触がつきまとった。上演されてこなかっただけの理由はある。

後半は《道化師》。この短いオペラが多くの観客をひきつけるのは、劇的な場面を一点に絞り、そこに非日常の空間を作り出したからであろう。

旅回り一座の座長・カニオは、拾ってきて女優に育て妻にしたネッダが浮気しているのを知り激怒するが、一座の公演が迫っており、道化師の衣装を着けて準備しなければならない（アリア《衣装を着けろ！》）。

舞台上でネッダを相手に、よりにもよって妻が浮気する喜劇を劇中劇として演じることになるが、それを見ている私たち観客は、やがてどちらが劇でどちらが劇中劇か分からなくなる。ちょうど現代の私たちにとって社会の中の虚偽と真実とのかかわり合いがあいまいであるように。

この舞台では、劇中劇として演じられる浮気劇をぶち壊して、カニオがネッダの浮気相手の名前を問い詰め、ついにはネッダを刺し殺してしまう。

刺す！　満腔の怒りの名において。

劇中劇と劇との枠組みが崩壊してゆくことで、日ごろ目に入りにくくなっているものが純化されて見えてくる。それは、怒りの裏返しとしての愛、死に至るほどの、鮮烈な愛である。

カニオ役の藤田卓也とネッダ役の佐藤康子がまさにほとばしる深く激しい歌と演技を見せた。小ずるいトニオ役の須藤慎吾がクセのあるキャラクターを巧みに出し、忠実な舞台回しのペッペ役・澤崎一了も好演。

イタリアのマルコ・ガンディーニによるメルヘン的な演出は、かえって凄惨な内容を際立たせる。柴田真郁指揮の東京フィルハーモニー交響楽団が密度の高い表現を聴かせ、舞台は観客と一体となって揺れ動いた。

名前を呼ぶことの意味

二期会のワーグナー《ローエングリン》

2018.3.17

そっと、好きな人の名前を呼んでみる。

言葉の響きに沿い、世界がやわらかな色合いを帯び始める。感じたことのないような優しい空気に包まれる。言葉として長くはないのに、そして日ごろひんぱんに口にされるのに、名前は特別な意味を持つときがある。

二期会がワーグナーの《ローエングリン》を上演した（二月二十一日、東京文化会館）。オペラの筋立てというものは、かなりの割合で、荒唐無稽に感じる。そんなことが起こるの？あり得ないでしょう、と思うこともしばしば。

なかでも《ローエングリン》は、劇としての進行にはなかなかついて行けない。全体の象徴である「白鳥にひかれてやってくる騎士」の姿は、宗教性とメルヘンの溶け合ったワーグナーの神秘的な響きによって描かれ、陶酔を余儀なくされる。だが、ドイツ形成期の諸国をめぐる権謀術数は複雑を極める上に、世界が異なる「白鳥の騎士」の言動を理解するのは容易ではない。

ブラバント国の大公の娘・エルザは、領主の継承を狙って弟を隠した疑いをかけられている。その苦渋の中で夢に見た「自分を救うためにやってくる騎士」が、実際に白鳥にひかれて現れる。騎士はエルザにかけられた疑いを晴らし、エルザと結婚するが、自分の素性と名前を聞いてはいけない、と厳命する。騎士を倒そうとする反対派から、名前を明かさないのはおかしいから絶対に聞くようにと、エルザはそそのかされる。

今回の上演では、そのような陰謀とはかかわりなく、愛する人の名前を呼べないエルザの悲しみが、鮮烈に浮かび上がってきた。それはおそらく、コミック風に戯画化した深作健太の演出が、白鳥の騎士にまつわる従来の過剰な神秘性をはぎとったからだろう。エルザ役のソプラノ、林正子の声に情念がこもっていたこと、歌い手全員のドイツ語の発音がきれいに響き、準・メルクル指揮の東京都響が精緻な表現を聴かせたことも大きい。

深作の演出では、ローエングリンがいつの間にか、ルートヴィヒ二世に成り代わっている。ワーグナーにあこがれて巨額の支援をし続け、孤独の内に不可思議な死をとげたルートヴィヒ二世。あこがれても達し得ない関係性が、ローエングリンとエルザに覆い被さってくる。

最後に自らの名前、ローエングリンを明かさざるを得なくなった騎士は、聖杯騎士団の掟を破って素性を明かしたことで、立ち去らなければならなくなる。名前を呼べるようになったときには、その名前の主はいない。エルザにとってこれほど矛盾に満ちた状況はない。

名前を口にすることの意味はどこにあるのだろうか。

それは、相手に向けて自らの存在を開こうとすることなのかもしれない。

愛がもたらした残酷な仕打ちが、落胆して息絶えるエルザを美しく際立たせるからか、倒れたエルザの唇がそっとローエングリンの名を呼んだように思えた。

時代の価値観による作品の弾圧

井上道義指揮大阪フィルのショスタコーヴィチ

2018.4.21

新しい社会人や新入生が、春の光を吸いとって歩いている。いつの時代も、その若さは裏切られることがある。

井上道義指揮大阪フィルハーモニー交響楽団が、第五一六回定期演奏会で、旧ソ連の作曲家、ショスタコーヴィチの交響曲第二番《十月革命》、同三番《メーデー》を取り上げた（三月十日、大阪・フェスティヴァルホール）。

音楽史上、ショスタコーヴィチほど評価の激変に見舞われた作曲家はいないだろう。東西冷戦時代、西側諸国は長い間、ショスタコーヴィチをソ連のプロパガンダの作曲家と見なしていた。ところが、ショスタコーヴィチから聞き取りしたとされる『ショスタコーヴィチの証言』が一九七九年に刊行されてから、ショスタコーヴィチへの見方は一変する。前衛的な手法を用いて事実上スターリンから批判されたショスタコーヴィチは、それが死へつながることを恐れて、以後、表向きは党礼賛の社会主義的に〝健全な〟音楽を書きながら、作品には党批判の二重の意味を込めたとする見方が主流となった。

〝証言〟の信憑性が疑われても、党の思想的弾圧にショスタコーヴィチが内面では抵抗したとする評価は変わっていない。事実、苦渋に満ちた後期の作品群は、彼の屈折した精神の深淵をうかがわせて、痛切に迫ってくる。

こうしたショスタコーヴィチ観が定着すると、彼がスターリンから批判される前、党からも若手作曲家のホープとして位置づけられていたころの作品の扱いが問題になる。《十月革命》や《メーデー》はまさにその頃の作品であるが故に、西側ではほとんど演奏されない。共に合唱が付き、歌詞は〈仕事と、パンを求めて、我らは歩いていた／十月革命！ それは待ち焦がれた太陽の使者〉〈我らのメーデーは／ツァーリの宮殿を奪った〉（一柳富美子訳）と、党の公式文書のようなもの。その政治性を嫌った米国初演は歌詞抜きで行われたほどだ。

ほとんど演奏されないこの二曲を井上は定期演奏会の主に据えた。共にリズムを強調し、高らかに音楽を前進させる。すべての楽器が踊り出しそうな活気に満ちる。はずんでいる。前衛への志向性も音にほの見える。

そこから伝わってくるのは、党の描く未来を信じ、自らの目指す前衛に心置きなく向かおうとする若々しいショスタコーヴィチである。そう、時代は革命とロシアの前衛芸術が同居し、ショスタコーヴィチたちには希望が充満していたに違いない。若いがゆえに何でもできると思えたかもしれない。それはそれで美しい、と井上は叫びたいのだろう。

確かに、メーデーを称えているからといって、その頃の作品を現代の価値観から排除することは、旧ソ連時代の思想的弾圧にも近い。たとえショスタコーヴィチが転向を経てきたとしても、それを断罪すべきものを私たちは持っているだろうか。メーデー礼賛の歌詞を聴きながら、井上が燃え立たせる合唱の高揚に同化してゆく自分を見つめた。

オッコ・カム指揮群馬交響楽団のシベリウス

春は自転車に乗って

2018.5.19

春になると、群響（群馬交響楽団）のコンサートに行きたくなる。このオーケストラが本拠地の群馬県で演奏会を開くとき、聴衆の雰囲気が都心のコンサートと少し違って、どこか温かい。

何年も前の冬のさなか、群馬県高崎市の群馬音楽センターで定期演奏会を聴いたときのこと。毛糸の帽子をかぶった農作業衣のような恰好のおばさんが席に入ってきて「いやあ、ひどい風だ」とこぼした。ぶつくさ続ける。隣に先に座っていたやはり毛糸の帽子をかぶった亭主らしい人は、一言も発しない。

やがて黙り込んだおばさんは「もう少し暖かくなれば自転車で来られるからいいか」と独りごちた。春のそよ風の中を自転車で走る二人の情景が目に浮かんで、ほほえましくなった。

四月二十一日の土曜日、四季のめぐりが例年より一週間も二週間も早いせいで、群馬音楽センターの周りの若葉が、一斉に光り輝いていた。ピンクや白のハナミズキもあるが、木々の葉に吸い寄せられて目が緑色になってしまう。風雪を経たコンクリートと木部の組み合わせの音楽センターから枝が何本も伸びているように見える。

群響の第五三七回定期演奏会。シベリウス《フィンランディア》作品二六、ショパン《ピアノ協奏曲第二番ヘ短調》作品二一、シベリウス《交響曲第一番ホ短調》作品三九。

フィンランド出身のオッコ・カムが、フィンランドの作曲家、シベリウスの初期作品を主として指揮するプログラムである（ピアノはレミ・ジュニエ）。

最近になって見直しの進む《交響曲第一番ホ短調》が休憩後に置かれていた。始まりは悲しい。大地のかすかな鼓動のようにティンパニの連打が始まり、クラリネットの長い旋律がひそやかに沈む。続くヴァイオリンの輝かしく響きわたる主題が、私には「春が来た」と喜びの言葉に聞こえた。森の中の生き物すべてが息づく響きの交錯。管楽器が鳥や小動物の鳴き声を表せば、弦楽器の風が楽しげに絡む。シベリウスがヘルシンキ近郊の森に住んでいたことを彷彿とさせる音。オッコ・カムはシベリウスの若さを思い切り強調する。シベリウスの人生にとっての春、というように。なんとよく歌わせるのだろう。群響も「ここは私たちの場所」とばかりに自らを解放する。

第二楽章の弱音器を付けた弦の旋律は森の夜の眠りだろうか。夢が溶け合う。低音の三拍子のピチカートにティンパニが激しく叩きつける野性的な第三楽章、幻想が飛び交う内省的な終楽章。

舞台も客席も集中したコンサートだったが、後半、ちょうど静かなところで、客席にパーンと乾いた銃声が響いた。一瞬、誰か男の人が胸を押さえて倒れる姿を思い浮かべた。終演後、多くの人が銃声に聞こえたと話を交わしていた音の正体は、事務局によると車いすのタイヤが破裂した音で、誰にも怪我はなかったという。春の珍事もまた一幕の劇のようで群響への愛をかきたてる。

会場を出ると、若葉の匂いが夜を濃密にしていた。

新国立劇場の《フィデリオ》

生きているベートーヴェン

2018.7.21

真理は時代によって変わる。それは日常の経験に照らし合わせると明らかである。ガリレオの時代、真理であった天動説は次の時代に誤りとされた。革命や政変が起こる度にそれまでの真理も時代の理想も否定される。社会の変化に伴い、宗教も思想も変わり続ける。今、私たちが真理と思っているものも、次の時代には誤りとされるだろう。

ベートーヴェンが苦心して創作したオペラ《フィデリオ》。

政治犯として地下牢に幽閉されているフロレスタンを、妻のレオノーレが男装してフィデリオと名乗り、刑務所に入り込んで救出しようとする劇的な筋立てである。しかし、ベートーヴェンの音楽の密度は高いが、交響楽的で、オペラの盛り上がりには欠ける。また権力闘争や愛が絡む物語が、夫婦愛によってすべて救済されることにも、少々違和感を持たざるを得ない。このオペラが上演の難しいゆえんであろう。なかでも、ベートーヴェンが高らかに謳《うた》う夫婦愛は、現代の私たちには若干の戸惑いをもたらすのではないだろうか。

新国立劇場が、任期満了となる飯守泰次郎音楽監督の最終公演として《フィデリオ》を上演した(六月)。演出は、ドイツ・バイロイト音楽祭総監督のカタリーナ・ワーグナー。彼女との共同作業が多いダニエル・ウェーバーが今回もドラマトゥルク(演出の論理構築)を務める。

この《フィデリオ》は劇の展開が大きく読み直されていた。原作のト書きにない動作によってさまざまな視点が加えられるが、何よりも驚かされるのが、結末が原作と正反対になっていることである。本来の筋立てでは、政治犯のフロレスタンを殺害しようとする刑務所長ピツァロに、フロレスタンの妻、レオノーレ（フィデリオ）が立ちはだかり、囚人たち全員が解放され、最終的に夫婦愛が称賛される。ところがこの演出では、ピツァロによってレオノーレもフロレスタンも殺されてしまう。囚人たちは全員解放されたと錯覚して、一人一人が喜び勇んで光あふれる出口に向かっていくと、光の中に霧状のものが立ち込め、人々がよろめく。光の先がアウシュヴィッツのガス室になっているように見える。

原作から激変した舞台で、ピツァロ役のミヒャエル・クプファー＝ラデツキー、フロレスタン役のステファン・グールドをはじめ、歌手陣は素晴らしい声の饗宴を聞かせた。新国立劇場合唱団も迫力がある。ベートーヴェンの音楽が、飯守泰次郎の端正で深い指揮により、気品をもって舞台全体に響きわたる。ベートーヴェンが称賛した夫婦愛は消し去られたが、音楽はいよいよその高貴さを増す。これは、音楽と乖離しているように見える今回の演出が、実は音楽と拮抗していることを証しているだろう。夫婦愛をはじめとする一見、健全な価値観が、体制に都合よく利用されてきた歴史に対する、この演出の真摯な追及の視点が、音楽をさらに高めているのだろう。この《フィデリオ》において、ベートーヴェンは現代に生きていると言えるのではないだろうか。

バイロイトの《ローエングリン》

救済を拒否した優しさ

2018.8.18

今年の夏のバイロイト音楽祭で上演されたワーグナー《ローエングリン》は、装置や背景の多くが青に染められていた。しかしそれは、かつてトーマス・マンによって見いだされた〝陶酔の青〟ではなかった。

《ローエングリン》はブラバント国の後継をめぐる権謀術数を描く。後継候補は、大公の娘・エルザ、その弟で行方不明のゴットフリート、有力貴族のテルラムント。テルラムントは、エルザが領主の継承を狙って弟を隠したと訴える。通常はエルザと弟のゴットフリートが悲劇側、テルラムントと妻のオルトルートが悪役とされる。そこにエルザを救うべく騎士・ローエングリンが白鳥にひかれて現れ、テルラムントを決闘で倒し、エルザと結ばれる。しかしエルザがローエングリンの秘密を問いただしたため、ローエングリンは最後に去って、エルザは倒れる。

メルヘンのように美しく救いの手を差し伸べるローエングリン像は、国を救済する象徴として、ヒトラーなどに偏愛された。今回、シャロンの新演出では、ローエングリンは優美な騎士ではなく、作業服を着た若い電気技師として現れた。神秘性をはぎとられ、力不足を露呈し、女たらしと思われる行動も見せる。新進のテノール、ベチャラが、甘い声ながら若干の音程の不安定など未熟な面もあり、いかにもこの演出の題名役にふさわしかった。対して、青い闇の中で呻吟するテルラムントが、国の将来を現実的に見据えた正しい後継候補に思えてくる。それはテルラムント役のコニエチュニーが弱音を効果的に生かして、国を憂える表情まで醸し出したからだろう。

男女の関係も従来と逆転している。エルザはローエングリンを崇拝しない。ローエングリンは性的倒錯なのかエルザを縄で縛り、エルザは必死に抵抗する。エルザ役のハルテロスは高・低音域の繊細さと中音域の厚みの分離が気になるが、悲しみを込めてひそやかに抑えた歌唱が魅力的。

通常の解釈を無にするこの読み直しは何を導くのだろうか？　「救済」はどこにもないということだろう。ヒトラーら権力者のローエングリンへの熱狂の歴史が異化される。ローエングリンとテルラムントとの決闘は空中遊泳で漫画的に行われ、陶酔や劇性がはぐらかされる。行方不明のゴットフリートが最後に登場するとき、その姿は全身緑色に塗られている。平和や救済を思わせる緑色がこれほど毒々しく見えたことはない。

理想の救世主がすべてを解決するのではなく、裏切り、画策に満ちた世界が続くということだろう。そして、原作と異なり、エルザは倒れずに生き続ける。死によって美化されない。もの静かな舞台だが、救済の欺瞞をあばき、絶望に満ちている。

ワーグナーの音楽から救済と死が失われたらどうなるか。ティーレマンの指揮は繊細を極め、各声部をこまやかに分け、柔らかく、限りない優しさに満ちていた。

救済を拒否したこの舞台が見いだしたのは、ただ優しさのみに偽りがないという、優しさ。悲しい青である。

草津で聴くドビュッシー

天と人を往き来する響き

2018.9.15

二〇一八年はドビュッシーの没後百年に当たる。草津夏期国際音楽アカデミー&フェスティヴァルにいくつも組まれた講師によるコンサートにも、ドビュッシーの曲がちりばめられていた。

そのひとつ、チェコを本拠とするパノハ弦楽四重奏団が、ドビュッシーの弦楽四重奏曲ト短調を弾き始めたとき、古いLPの音盤がゆらめくような音に聞こえた（八月十九日、草津音楽の森国際コンサートホール）。

分離のはっきりしたCDの音になれていると驚くが、パノハのひとりひとりの音が溶け合い、不思議な、優しい気に包まれる。それに伴って旋律が、素朴に美しく響く。各々の生きてきた時間が溶け合わなければ、この音は生まれないだろう。演奏において、技術的に合わせるだけではそれだけにすぎず、味や独自の魅力が生まれないことに、改めて思いが至る。

第三楽章。ヴァイオリンが低くもの静かに語ると、チェロがゆっくり弦をはじいて響きを含ませながら応える。どこからともなく四人合わせたやわらかな歌が聞こえてくる。響きがやがて高まり、徐々に鎮まる。パノハのひとりひとりがこれまでに見てきた色、聴いてきた音が昇華し、天上に溶けいるのだろう。そのまま人生が消え入りそうなほど、静かに。

代わってドビュッシーのピアノ独奏曲を遠山慶子が弾く。《枯葉》（前奏曲集第二巻第二曲）、《霧》

（同第一曲）、《野を渡る風》（前奏曲集第一巻第三曲）、《音とかおりは夕暮れの大気に漂う》（同第四曲）、《西風の見たもの》（同第七曲）。

《枯葉》冒頭のピアノの和音が会場の空間に入り込む。一瞬にして天上から聴いたこともない、見たこともない響きが降ってくる。内圧の高まった夜に光が届くように、世界に違う生命が入ってきたときの驚き、息をのむ静けさ、不安、美、冷たさ、温かさ、沈黙などが入り混じり、そして濾過される。演奏の極地は音の響きにあるのだろう。枯葉から想像される安易な寂しさなどかけらもない。厳しい響きだけが切り開く世界の新しい面ざし。遠山は背筋をピンと伸ばして毅然とそれを受け止めている。

続く《霧》の半音のぶつかりあいが、世界に人間がどう絡むのか模索する音に聞こえる。ソプラノとバスの平行音が遠山の手にかかると、なぜこれほどの神秘を生むのだろう。

実は《枯葉》と《霧》の曲順は本来の《前奏曲集第二巻》では逆になっている。しかし今回弾かれた順番によって、世界に音が降りてくる様が明確に見えてくる。遠山はドビュッシーの作曲の奥にまで入り込んで成り代わっている。

最後に《月の光》（ベルガマスク組曲）。粋が加わって、神秘がほほえんだ。パノハは人間の営みを天に溶け込ませる響きを聴かせてくれた。遠山は、天から降ってくる響きを受け取り、目を見開いている。

その相互を往き来しているドビュッシーの響きの深みに、耳を開いた。

天守閣の下の《トスカ》

ピアニッシモの激情

2018.10.21

名古屋城の天守閣の下に広い仮設舞台がしつらえられ、教会の内部がセットされていた。夕闇、あるいは曇なのか、灰色の空に思いがけず引き立つ金の鯱《しゃちほこ》が一対、表面に水が流れるような輝きを見せている。雨の天気予報もあり、つい目が空へ向かう。

仮設舞台の下をピットにした吉田裕史指揮ボローニャ・フィルハーモニー管弦楽団が、オペラ《トスカ》の冒頭、野外とは思えない圧力のフォルティッシモを響かせ、城と教会を接合した若干の違和感が吹き飛んだ（九月八日）。

吉田は「このオペラは、最後も〝全力で〟という指示のフォルテで終わるのです」とプログラムの対談で語っている。だが、吉田は言葉をのみ込んでいたのかもしれない（実はそれ以上に重要なのはピアニッシモ、と）。

オペラ《トスカ》は、歌手のトスカ（アマリッリ・ニッツァ）に《歌に生き、愛に生き》、トスカの恋人の画家、カヴァラドッシ（カルロ・ヴェントレ）に《星は光りぬ》の名高いアリアがあるにもかかわらず、悪役スカルピア（ジョヴァンニ・メオーニ）が全体の構造を支えている。権力によってすべてをかなえようとするこの悪辣な警視総監は、金や異性への欲望を満たすためなら人を死に追いやることも何でもない。狙いを定めたトスカへの迫り方も手が込んでいる。

まず、恋人のカヴァラドッシが浮気をしているとトスカに疑いを抱かせる。トスカを呼び、政治犯をかくまった容疑で逮捕したカヴァラドッシを隣の部屋で拷問し、その悲鳴をトスカに聞かせる。そして、彼の命を救いたいなら、とトスカに情交を迫る。この悪役が恐ろしければ恐ろしいほど、オペラ《トスカ》はすごみを増す。

今回、スカルピアはすさまじい形相を見せるのではなく、自らの欲望を淡々と処理する官吏の不気味な冷ややかさを見せた。対して、狙われるトスカは髪を振り乱し、あがき、必死の抵抗をする。窮した彼女が、情交との引き換えにカヴァラドッシと自分の国外脱出の通行証をスカルピアに書くように求める。スカルピアが書いている背後を、ペン先に時に目をやりながらなお迷い歩いているトスカは、食卓の上にナイフを見つけて手に取る。その自然な動きから、ナイフを手の内側に隠すまでの数分、経過の和音を奏でている弦楽器を、吉田はピアニッシモに抑えた。ほのかに光を映す天守閣や、鯱をのみ込んだ空の高みの闇が目に入ってくる。すべてが静止している。激情が、夜空に氷のように貼りついている。

その瞬間から、この野外オペラは変わった。音楽が周囲の自然と一体化した。

やがて、氷が溶け、トスカはスカルピアを刺す。ピアニッシモも溶け、オーケストラが咆哮する。スカルピアが既に仕組んでいた策略でカヴァラドッシが殺され、絶望したトスカは城壁から飛び降りる。大団円のフォルティッシモに、闇がゆらめく。

終わると、待っていたのか、すべてを洗い流す雨が降り始めた。

プレガルディエンとゲースの歌曲

音が言葉に　言葉が音に

2018.11.17

私は見た。一本の菩提樹の枝の上から、雪がひとひら、ひとひら降り落ちてくるのを。そのまま積もってゆくのだろうか。それとも、遠目に雪に見えるものは、菩提樹の白い花びらだろうか。

目の前の、少し遠くの舞台にいるのはテノールのクリストフ・プレガルディエンとピアノのミヒャエル・ゲース。パルテノン多摩大ホールで彼らはマーラー《僕の恋人の青い二つの瞳》を演奏している（十一月六日）。

ブラームス《君の青い瞳》で始まったリサイタルは、大ホールの広々とした音の空間に溶け込んで、舞台というよりは、どこからか自然に湧きいずる響きに感じられる。音響を第一にして、客を詰め込まないようにするホールの隠れた気遣いの成果だろう。

常に質の高い演奏を聴かせてくれる二人の公演の中でも、とりわけこの日はプレガルディエンの声が天上から降ってくるかと思えば（シューベルト《夜と夢》）、地の底からわいてくる（ブラームス《夜に私は立ち上がり》）。ゲースのピアノに至ってはすべての音に息を吹きかけているとしか思えない。

マーラーの歌曲集《さすらう若人の歌》では歌もピアノもホールと共に呼吸して、寄せては返す夢幻に、舞台という現実を忘れさせる。

現実を超えると感じるのは聴衆の私である。なぜか。私は詩に描かれた世界に入る。すると音楽がその詩を変容させてゆくので、私が最初に定立した世界も変容してゆく。正確には詩と音楽とどちらが先というよりも、同時に。そしてこのデュオにおいては、詩と音楽が互いに互いを大きく変容させるので、世界はゆらめく。

それは、プレガルディエンの声だけが詩を表すのではなく、ゲースのピアノにおいても音が言葉になるときがあるからだろう。ピアノのどの音をどの色で表出するかによって、ピアノの音はまぎれもない言葉になる。反対に、プレガルディエンの声も、歌いながらも言葉を離れて、この世界の響きだけになるときがある。

マーラーの第一曲《愛しい人が嫁いで行くと》では、ゲースのピアノはオーケストラ伴奏版よりもさらに多くの色を描き出していた。ピアノの音の美しさを聴かせながら、クラリネットより強くクラリネットを感じさせ、弦楽器よりさらに弦の音が奏でられる。プレガルディエンのやわらかく、そして深く、時に力強い声と一体となり、愛しい人を思う主人公の悲しい心情がゆらぎ始める。

曲集の最後は《僕の恋人の青い二つの瞳》。

詩の終わり近く、〈道のそばに、一本の菩提樹が立っていた〉と歌う声が透きとおり、それに応えて響くピアノの高音が宙に抜けてゆくとき、菩提樹の花びらが雪のように降り落ちてくる中に私はいた。おそらくそれは、リサイタル冒頭のブラームス《君の青い瞳》の孤独をも含んでいたのだろう。聴きながら、寂しさから成り立っている世界が、多彩な色で描かれるとき、そこに救いが生じることに気づいた。

音と色がもたらす自由

庄司紗矢香のシベリウス・ヴァイオリン協奏曲

2018.12.15

演奏家にとって音色は、いつになっても完成ということはなく、常に追求し続けるものに違いない。それにしても、音楽的にも、名声という皮相的なものにおいても、世界で確固たる地位を確立したヴァイオリニストの庄司紗矢香が、さらに根本的な奏法の変革を目指しているように思われる姿に驚き、打たれた。

来日したサンクトペテルブルク・フィルハーモニーの公演は指揮者のユーリ・テミルカーノフが健康上の理由で降板し、副指揮者のニコライ・アレクセーエフに変更された（十一月十二日、サントリーホール）。ゲストの庄司は多くの共演をテミルカーノフと行っていただけに、思いの異なるところはあっただろう。

庄司が取り上げたのはシベリウスのヴァイオリン協奏曲。静けさを極めたオーケストラの前奏の中から湧きあがる庄司のヴァイオリンの音は、息長く透きとおってゆく。誰もが作曲家の地元、フィンランドの氷と雪、あるいは風が通りぬける針葉樹の森を思い浮かべるのではないだろうか。その音は、核に集中してゆく緻密さを持ちながらも、やわらかく響きを広げて天空に吸い込まれる。

オーケストラによる大地の底から立ち上がるような歌を経て、ヴァイオリンとオーケストラが会話を始めるころ、庄司の音の出し方が以前の彼女の奏法とは変わって聞こえた。弓で弦を強く圧することがない。弓を弦に軽くあてると、きつい強さはなくなり、弦の振動が増えるせいか音はかえって遠くまでの響きを得てゆく。そしてなによりも一色ではなく、さまざまな色が舞い始める。オーケストラは、庄司の音楽的意想を必ずしも正確に受け取らないところも散見される。しかしこの日の庄司にはすべてを受け入れるほどの余裕が感じられた。第二楽章の、大地にたたずみ、一人で歌い、戦い続ける庄司のスケールの大きな解釈を聴きながら、前日に横浜美術館で見た駒井哲郎の画作を思い出した。

駒井哲郎は作曲家の武満徹などと「実験工房」に参加した銅版画家である。ヨーロッパの技法を取り入れ、日本で確立されていなかった銅版画を開拓し、日常の光景を銅版に刻印した。何の変哲もない波止場や建物が、銅に刻まれた線の強さによって緊密な空間に変貌し、格調を帯びる。銅版画は基本的に無色だが、波止場の画作では見つめているうちに海の色が思い浮かぶ。

一貫して「白と黒の造形」を追求していた駒井は、晩年になって突然、パステルを用いた多色のモノタイプを描き始めた。強い線はパステルの柔らかく淡い面に変わり、色が堰《せき》を切ってあふれる。花に赤が躍り、家の壁も黄色に塗られ、夜空に大きな雲のような青や暖色の塊が浮かんで家を包む。それまでの銅の強い線からは、芸術を開拓する気概や、こうあるべきという主張が感じられたが、パステル粉が浮かぶ面には、こう見なさい、という方向性の指示は微塵もない。

駒井の画作を思い、庄司の音からあふれいずる色に浸りながら、限りない自由に包まれる気がした。

静かな道を見つける

ハーディング指揮のパリ管弦楽団

2019.1.12

東京芸術劇場で行われたハーディング指揮パリ管弦楽団のコンサートから帰宅し、陶芸作家の吉村利美の作品集を探した。確か冊子の冒頭にあった彼の言葉が気になったからだ。メモのような、詩のような、その言葉は、記憶とは少し違う形で載っていた。「仕事場の片隅で」と題された二行。

　現代という藪をかきわけて行くと
　そこに一つの静かな道があった

「藪」をなんとなく「騒音」のイメージで記憶していた。現代は終日、機械音にかき乱されている。街を歩けば機械音にさらされる。コンピューターは操作音を消せるが、それでも無音の機械音としてある。自然を前にしても手許のスマホが鳴る。

自然の音をこまやかに彫琢した音楽作品は多い。この日（二〇一八年十二月十六日）、パリ管弦楽団のコンサートで演奏されたマーラーの交響曲第一番《巨人》は、自然に耳を傾けることを音楽の核にしていることが伝わってきた。

「早朝の森の中での自然の目覚め」と説明された第一楽章では、鳴き交わされる鳥の声や（ベートーヴェンの《田園》と同じくカッコウも）、森や野に満ちるさまざまな音を、クラリネットやフルートな

ど パリ管弦楽団の管楽器奏者が楽しげな息遣いで奏でる。音がひしめいてもうるさくならないのは、自然の元にある「気」のようなものに意識を集める姿勢が、曲の背後にあるからだろう。それは冒頭に、弦楽器のやわらかい倍音（フラジョレット）が静かに重なって立ち上がってきたときから、曲全体に通底している。マーラーはそのフラジョレットについて「かすかな光にきらめくような大気をあらわした」と述べている。

春を予感させて始まるこの曲は後半の葬送行進曲から一転して夜になるが、ハーディングは最後まで明るさを主調にし、暗さは情念に変えて、生命力がうずく独自の解釈を聴かせた。それにもかかわらず演奏の全体に静かな眼差しを失うことがなかったのは、ひとつには、この日の前半にベルクのヴァイオリン協奏曲が演奏されていたからに違いない（独奏＝イザベル・ファウスト）。

マーラーの妻、アルマはマーラーの死後、建築家のグロピウスと再婚して娘・マノンをもうけた。しかし、マノンは十八歳の若さで亡くなる。その知らせを聞いたベルクが追悼として「ある天使の思い出に」と題し、作曲したのがヴァイオリン協奏曲である。しかしベルクもまた初演を聴くことなく亡くなってしまった。

マーラーの《巨人》が弦のフラジョレットと木管によってひそやかに始まったとき、ベルクの協奏曲冒頭に聴いたクラリネット、ハープ、ヴァイオリンの対話の静けさが蘇ってきた。《巨人》に遠く関連づけられて、思わず知らずマーラーの人生を、そして誰のものでもない生き方そのものに思いを馳せる視点が加わる。さまざまな音が、人生の多くの出来事と交錯する。

それらの複層化した数々の音をくぐりぬけて、そこに一つの静かな道があった。

黒い土を浄化してゆく音

コパチンスカヤのヴァイオリン・リサイタル

2019.2.9

「黒々とした土」と言えば、どのようなイメージを持つだろうか。たとえば、森の中の黒い土を思い浮かべ、肥沃な土地、木も草も豊かに茂る所と考えても、誰も奇妙には思わないだろう。ところが、欧米の人の感覚は別のようである。「黒い森」（ドイツ南西部）という名称の一帯を抱えながらも、ドイツ語では土に黒の形容をあてることはほとんどない。もし用いるとすれば、それは、爆撃を受けて森の中のそこだけが焼けただれて炭化したような悲惨なイメージと聞いた。

モルドバ出身の若い女性ヴァイオリニスト、パトリツィア・コパチンスカヤのリサイタルを聴いていて、黒い森、黒い海が思い浮かんだ。その黒は、肥沃ではなく、悲惨そのものの色（一月十四日、トッパンホール。ピアノはポリーナ・レシェンコ）。

ルーマニアに近いモルドバは、侵略を繰り返された歴史を持つ。黒海に面していた時期もあったが、旧ソ連の構成国家になってからは陸の孤島に縮小された。複雑、多種な民族は、ユダヤ系が多い。モルドバからウクライナ、ルーマニアにかけては、オイストラフ、エネスクなど名ヴァイオリニストを輩出している。背景として、ユダヤ人家庭の一家に一丁はヴァイオリンがあったという民族の歴史が考えられる。なぜヴァイオリンかといえば、侵略されて逃げるときにヴァイオリンは容易に運べるから、とユダヤ人ヴァイオリニストに教えてもらった。

ヴァイオリニストはリサイタルの際、舞台に立って弾く。しかし驚いたことに、白のロングドレスに黒の上着、素足で出てきたコパチンスカヤは、イスに座って腰をかがめて弾いた。前半の最後は、膨大な数のルーマニア民謡を採譜したバルトークのヴァイオリン・ソナタ第二番。何事が起きたのかいぶかるように始まり、ルーマニアの弔いの歌の旋律がぶつけられ、音はめくるめく渦になる。

後半は、コパチンスカヤは立っていた。身を屈した前半から、すっくと立つ姿勢へ。後半の開始のエネスクのヴァイオリン・ソナタ第三番イ短調は、さらにルーマニア、モルドバの音そのもの。コパチンスカヤは、逃げる一家がケースもなく手に持つヴァイオリンを鳴らすように、決して輝かしい音ではなく、グリッサンド（音程のずらし）や引き延ばしたリズムで、まるでうめき声をあげるように弾く。時にはカチカチと歯が当たって震えるように。刺し、叩き、激しく戦う。焼けただれた木、黒い土、泥のような水がうねる。

パリに活躍したプーランク《ヴァイオリン・ソナタ》とラヴェル《ツィガーヌ》は一見、この日の流れに合わないと思えたが、共に人間の原初的なものを洗練させた曲である。コパチンスカヤは侵略を生む欲望を、文化に収斂《しゅうれん》させたいのだろう。急遽、追加されたクララ・シューマン《ピアノとヴァイオリンのための三つのロマンス》の愛の陶酔が、夢見るように弾かれたことも、それを証している。

リサイタルの後半、彼女が立ち上がって弾いていることの美しさが見えた。

ムーティ指揮のヴェルディ《レクイエム》

我を解き放ちたまえ

2019.3.9

相次いで知人の死に遭遇した。一人は深く親交のあったドイツ人で、葬儀は教会で行われた。一人は社会的なつながりのある日本人で、お経を上げて葬儀が行われた。前者は感覚的にも、考え方にも分かり合えるところが多く、後者はその生き方があまり理解できなかった。

共通していたのは、葬儀の場に、写真や文章が展示してあり、故人の生き方を振り返るようなっていたことである。それを見ると、よく知っていたはずの前者も、あまり知らなかった後者も、見知らぬ人の生をめぐるひとつの物語に思えた。確かに人は他者の生き方を物語として理解するのだろう。新聞の人生相談などを見ると、相談者も回答者も、相談の内に既に含まれている物語を完成させて、答を出している。

ムーティ指揮のシカゴ交響楽団がヴェルディの《レクイエム》を上演した（二月二日、東京文化会館）。

レクイエムとは、カトリックにおける死者のためのミサの典礼文に曲を付けたものである。葬儀の音楽として厳粛なものだが、数々のオペラを作曲したヴェルディの《レクイエム》は、まるでオペラのように迫ってくる。事実、ヴェルディは自作のオペラ・アリアの転用も行った。ムーティは長年ミラノ・スカラ座で活躍し、オペラに官能的な表現を聴かせてきただけに、この《レクイエム》においてその持ち味を発揮するだろうと予想された。
《レクイエム》の冒頭、チェロが下行して、夜の深みに入るように沈んでゆく。静寂の底から合唱が、ひそやかに、聞こえるか聞こえないかのピアニッシモで立ち上がる。〈レクイエム（主よ、永遠の安息を）〉と言葉が浮かび上がってきても、ムーティはそこに甘さが一切紛れ込まないように、響きを厳しく切り立たせ、緊張の頂点を持続させる。神をたたえる四声合唱が輝かしく響きわたったあと、テノール、バスへとおごそかに《キリエ（主よ、憐れみください）》に入る。そして、《怒りの日》へ激しい思念が噴き上がった。

第三曲《オッフェルトリウム（奉献唱）》は、いかにもヴェルディらしく、メゾ・ソプラノとテノールがまるで愛の言葉を交わすオペラのひと幕のように作曲されている。しかしムーティはここでもなめらかな旋律を押さえ込み、〈深き淵より救いたまえ〉の言葉を一語一語明確に刻み込む。ソプラノ、メゾ・ソプラノ、テノール、バスの四重唱が、あたかも修道院での対話のように、落ち着いた響きで歌い収められる。音はオペラの夢を奏でながら、響きは厳粛な死に至る。《レクイエム》が、オペラを含めたすべての音楽の源にあるかのようであった。

シカゴ響と東京オペラシンガーズの合唱の極限のピアニッシモを経て、最後に〈リベラ・メ（我を解き放ちたまえ）〉とあらゆる音が交錯し、めくるめく。立体的な響きが、いくつもの生の本質のように迫ってきて、ぶつかり合い、解き放たれる。

相次いだ知人の死の見え方が変わった。単に物語として人の生き方を理解することの安易な構造がくだけ散った。

ブリン・ターフェルのイギリス歌曲

〈地域語〉から〈普遍語〉へ

2019.4.13

英語が一人勝ちしている。今や英語は〈普遍語〉である。ひとつの〈地域語〉は、多くの翻訳を経ることによって〈普遍語〉になる。英語を使用する企業や国が経済的に世界を制したということだろう。

しかし面白い事実がある。クラシック音楽の歌曲においては〈普遍語〉は英語ではなくドイツ語である。続いてフランス語、イタリア語だろうか。英語は下位に位置する。経済的に制した国の言語が、文化においても〈普遍語〉になるわけではないところが興味深い。

英国のバス・バリトン、ブリン・ターフェルが久々に来日し、東京・春・音楽祭で歌曲の夕べを持った（三月二十八日、東京文化会館小ホール）。プログラムの大半は英国の曲、詩からなっている。

五十代初めのターフェルは身体的に今、最も充実しているのだろう。張りのある声は、深い響きからやわらかなピアニッシモまで、自由自在。友人同士で向き合って話しているように、くだけていてもきれいな英語が、歌として聞こえてくる。

曲の合間にターフェルは客席に語りかける。まるで親しい人に話すように。「ドイツで習った僕の先生はものすごく怖くてね、いつも四曲覚えていかなければならない。『歌えません』と言おうものなら、『さようなら、アウフヴィーダーゼーエン』」。先生の口調の怖さの再現に客席はどっと笑う。その語り口がそのまま歌になっている。

特に前半と休憩後に歌ったロジャー・クィルター（一八七七〜一九五三）では、シェイクスピアを含めた英語の詩がやさしい日常の言葉のように聞こえて心打たれた。ターフェルの解釈、演奏によって、ひとつひとつの英語の持つ感覚、意味、それにまつわる感情、リズム、色あいなどが、違う言葉を持つ聴衆の私にも理解できる。英語を他の言語に置き換えずに伝えて、まさに翻訳の代わりになっている。

夢見るように愛を描いた《今や深紅の花びらは眠る》（詩＝アルフレッド・テニスン卿）は素直な、そして品の良い歌謡性が快い。英語の響きがなんと美しいことだろう。エリザベス朝の作者不詳の詩《もう泣かないで》は愛しい人の死を暗示するつぶやきが、ターフェルのソットヴォーチェのやさしい響きになる。同じく作者不詳の詩の《喜びの麗しき家》は反対に愛の頂点を描いているが、複雑な技巧をこらさず、民謡よりも飾らずに、語りながら自然な短音階で下行してゆく。それが、しんみりして、悲しい。

シェイクスピアの『十二夜』からの《来たれ、死よ》は悲しみを極めるかと思いきや、むしろ広やかに明るかった。若葉の匂いがした。墓や棺を歌いながらも、糸杉や櫟《いちい》、甘い花の一輪といった言葉が出てくるからだろうか。聴きながら、死に瀕している人を思った。周りは苦しみを想像するだろうが、あるいは、本人の魂はのびのびと、新緑の若葉の中に歩き出しているのかもしれない。

歌曲における英語の〈普遍語〉の可能性を実感した。

新国立劇場のオペラ二作の併演

背後に浮かぶフィレンツェ

2019.5.11

美しい町は毒を含んでいる。フィレンツェも、メディチ家の富と権力をめぐり町の歴史に争いが絶えない。最古のベッキオ橋や宮殿には、表から見えないメディチ家の秘密の屋内通路がある。私が訪れたときは公開されていなかったが、ある貴族の厚意で見せてもらった。絨毯敷きの通路に美術品や宝石がふんだんに置かれて隠されている。抗争、暗殺を繰り返す血のにおいがした。

表に出ると突然、ベッキオ橋が日差しを全面に浴びてアルノ川に浮かんでいる。暗い秘密の通路との明暗に息をのんだ。下部が三つの半円形を描くレンガ造りの三連アーチ橋で、間に大きな二つの橋脚を持つ。独特なのは、一直線の橋の通路上にここにもメディチ家の専用通路が立派な建物として建ち、その下の場所を借りて宝飾店などが建ち並んでいることだ。

新国立劇場がツェムリンスキー《フィレンツェの悲劇》とプッチーニ《ジャンニ・スキッキ》の二作のオペラを併せて上演した（沼尻竜典指揮東京フィル、四月十四日）。共にフィレンツェを舞台に一つは愛憎劇、片や喜劇として、町を照らしだす。

滅多に上演されない《フィレンツェの悲劇》は、商人シモーネ（セルゲイ・レイフェルクス）と妻・ビアンカ（斉藤純子）、フィレンツェ大公の息子グイード（ヴゼヴォロド・グリヴノフ）の三角関係が凄惨な殺人を呼ぶ。妻は夫を軽蔑し、グイードと一緒になろうとしたが、彼は夫との決闘で殺されそうになると、ビアンカに「俺に罪はないと言ってくれ」と叫ぶ。死を恐れて責任逃れをするグイードに愛想がつきたか、彼を殺した夫が「次はお前だ」と血みどろの手で迫っても、ビアンカは怯《おび》えもせず口づけで応え、二人は元の鞘に収まる。この唐突な大団円は、愛憎の果てとはいえ、暗殺や裏切りによって血塗られた美しいフィレンツェの毒が効いているようにも感じられる。

一方、人気のある《ジャンニ・スキッキ》は、巧みに笑いを引き出す。亡くなった富豪の遺言書に、遺産はすべて修道院に寄付とあり、親族全員が失望する。その一人、若者のリヌッチョ（村上敏明）は恋仲のラウレッタ（砂川涼子）の父、ジャンニ・スキッキ（カルロス・アルバレス）の知恵を借りることを提案。スキッキは期待に応え、まだ富豪が死んでいないことにして自分が瀕死の富豪に扮し、公証人を呼んで遺産を親族たちに分ける遺言を書き取らせる。だが最大の遺産は「ジャンニ・スキッキに与える」と自らのものにしてしまう。

遺産争いの清涼剤となるのは、結婚が許されないラウレッタが父に「許してくれないならベッキオ橋から身を投げる」と訴える《私のお父さん》。本筋とかかわりはないが、広く知られた有名なアリアだけに、舞台も観客もそこだけ別の時間になる。ところが今回の粟国淳の演出では、遺産騒ぎの渦中に、腹を立てて帰ろうとする父を引き留める娘との親子の会話の延長線上として、いとも自然に歌に移行した。川に身投げする、と死を賭して訴える歌が日常の言葉、仕草として聞こえてくるだけに、かえって一途な愛が切々と胸に迫る。

ハッピーエンドにもかかわらず、ベッキオ橋から川面へラウレッタがゆっくりと落ちてゆく姿が浮かんだ。その幻想もフィレンツェの毒が効いているだろうか。

音楽の中から姿が消える

アルゲリッチと小澤のベートーヴェン

2019.6.8

「別府アルゲリッチ音楽祭」の中の催し「ピノキオコンサート」が一〇〇回となった。ピアニストの二人、マルタ・アルゲリッチと、音楽祭を主導してきた伊藤京子を中心に「こどもたちの豊かな心を育む」ことを目指して無料の学校コンサートなどを続けてきたものである。同時代に生きている者しか、アルゲリッチの実演に接することはできない。子どもの耳に触れることが、いかに貴重であるか。

一〇〇回の記念として、アルゲリッチと小澤征爾指揮水戸室内管弦楽団が共演するコンサートが東京オペラシティで行われた（五月二十四日）。

プログラムの前半は指揮者なしでハイドン《交響曲第六番ニ長調「朝」》（Hob. I-6）、ウェーベルン《弦楽のための五つの楽章》（op. 5）。後半はアルゲリッチと小澤によるベートーヴェン《ピアノ協奏曲第二番変ロ長調》（op. 19）。（同様のプログラムは水戸芸術館でも水戸室内管弦楽団第一〇三回定期演奏会として行われた。）

小澤はここのところの体調不良で、今回も指揮台に上るかどうか、直前まで不安視されていた。

前半のアンサンブルは指揮者なしでも何の問題もなく感じられた。アンサンブルが合うとか合わないと言うよりは、メンバー各自の音楽的な志向性が一致していることにおいて音楽が形づくられてゆく。アルベルト・アクーニャの流れの良いフルートがハイドンの全体を生き生きとさせる。室内楽的な掛け合いが粋な第二楽章では、上村昇のチェロのやわらかい音によるフレーズが、雅《みやび》で伸びやかな魅力を醸し出した。

ウェーベルンでは集中力が糸を張り巡らす。もちろん、指揮者はいないのだが、アンサンブルに核が感じられた。

休憩後、アルゲリッチに手を引かれるように小澤が出てくると、会場に歓喜の拍手と声が渦巻いた。

小澤が指揮棒を振り下ろしてから数小節で、指揮者なしの前半とは別のオーケストラが演奏しているように聞こえてくる。アルゲリッチのピアノは何の構えもなく舞い降りてきて、輝かしさとやわらかさとを兼ね備えた音が自由に駆け回る。小澤も一体となって、ピアノと共に息をする。オーケストラも小澤を助ける。指揮とは、まさに人と人との関係に基づくのだろう。

小澤はベートーヴェンの主題をはっきりと浮き立たせ、主題をつなぐ音にも重要な役割を込める。アルゲリッチも一音、一音それだけでみずみずしい世界を成している。

若いときから天衣無縫であったアルゲリッチは、奔放な自由がいくつもの濾紙を通って徐々に濁りを消し、積み重ねてきた個性は水が透きとおった環を連ねるように広がってゆく。

今、アルゲリッチにしかない音、歌、リズム、色は極まり、そしてそれに反して、不思議なことに、音楽に及ぼすアルゲリッチの個性を意識しなくなる。その姿が音楽の中から消えてゆく。

音の存在だけが聞こえてくる。

藤原歌劇団《愛の妙薬》

聖なる愚者を包み込む夕空

2019.7.13

ドイツ・ケルン歌劇場の支配人が、かつてドニゼッティのオペラ《愛の妙薬》について面白い言い方をしていた。

「ケルン歌劇場は単年度予算ではないので、現代オペラに取り組むことができる。現代オペラは観客が入りにくいから、そのシーズンは赤字になるが、次のシーズンで《愛の妙薬》を入れれば必ず収益を元に戻せる」。つまりは《愛の妙薬》ならいつでも観客を呼べるということである。

私自身、このオペラは四十年近く前にケルン歌劇場で見て以来やみつきになり、ドニゼッティの生まれ故郷、イタリア・ベルガモのドニゼッティ劇場の舞台をはじめ多くの公演を見てきた。最近の日本では藤原歌劇団が新人の歌い手の舞台にしていることも嬉しい。本来は歌い手にとって実に難しいのだが、筋立てが若い男女の物語なので、新人の初々しさがふさわしく感じられるのである。

今回も藤原歌劇団がNISSAYOPERAとのコラボレーションとして日生劇場で上演した舞台を見た（六月二十九日）。

村の地主の娘、鼻っ柱が強くきれいなアディーナに、間抜けで村の衆から馬鹿にされている農夫のネモリーノが一途にほれ込むところから始まる。アディーナに相手にされないネモリーノは、インチキ薬屋のドゥルカマーラから「ほれ薬」を買って、明日にはアディーナが自分にほれてくれると信じ込む。アディーナは、村にやってきた女たらしのベルコーレ軍曹と仲良くしても、ネモリーノが焼き餅をやかなくなったことに思いのほか傷つく。はねつけ、からかっていたのに、ネモリーノの気持ちが自分から離れようとしていると思うと、とまどい、ふと涙ぐむ。あてつけに、軍曹と今日結婚すると言い出すアディーナに対し、明日にはほれ薬がきくと信じているネモリーノがあわてて「今日はだめ、明日まで待って」と必死に訴える。

典型的な喜劇の〝行き違い〟で、ありきたりなのだが、新人の歌い手たちが役に没入していたこともあり、見ていて涙腺が緩んだ。ネモリーノ役の中井亮一はやわらかい発声を生かし、アディーナの伊藤晴は演技にも歌にも心理描写をうまく乗せた。ドゥルカマーラの久保田真澄のリズム感も快い。山下一史指揮東京フィルの弦の膨らみが寄り添う。演出は粟國淳。過去にも粟國演出のこのオペラを二度見たが、村の娘たち、おばあさん、男たちの日常をていねいに描いて舞台に温かい空気が生まれる。ドニゼッティの音楽が純粋に浮かび上がる。

筋立てとは直接に関わりはないが、村が暮れなずむと、背景の空が残光の赤を残して薄い赤紫色に染まった茜色より赤と紫が分離している。天上の神秘が村を包んでいるように感じられた。

ヨーロッパには古くから、愚か者こそが真実を見通すとして、聖と愚を同一視する思想がある。間抜けとされるネモリーノも、反対に賢い役柄のアディーナも、愛の前には愚者そのもの。このオペラは愛の〝行き違い〟を軽妙に描いた傑作と思っていたが、背景に聖なる愚者の思想も引き寄せていると、夕空の美しい赤紫色が教えてくれた。

バイロイトの《タンホイザー》

文化全般の対立を視野に

2019.8.10

広い野や森を縫う一本道を、上空からドローンで見たような映像が追う。やがて映像は道を走る一台の灰色の古いバスに焦点が絞られ、道から大空を見上げる視点に切り替わる。管弦楽が静かに立ち上がって地の底から徐々にせり上がり、やがて天に達するように響く。ここは映画館ではなく、夏のドイツ・バイロイト祝祭劇場。上演されているのは、指揮のゲルギエフ、演出のクラッツァー共にバイロイト・デビューとなった《タンホイザー》である（七月二十八日所見）。

まるで映画のように始まった長い序曲の間に、驚くべき場面が次々に起こる。ヴェーヌスを除けばワーグナーの台本とおよそ関係のないバラエティーショーの一連がバスに乗っている。黒人の華やかなニューハーフ、太鼓を持った小人、タンホイザーという名のピエロ。彼らはワーグナーが若き無政府主義者だったころの言葉「欲望の自由、行動の自由、楽しみの自由」を旗に掲げている。ハンバーガーやガソリンを盗み、警官に見つかるとひき殺してしまう。

全く別の物語が入り込む演出だが、原作の筋立てを思い返してみると、それが概念としては重なっていることに気づく。タンホイザーの主題は、人の生を動かす官能と精神、情欲と宗教の対立原理である。タンホイザーが官能のヴェーヌスの世界に浸ることで、聖なる精神のエリーザベトがさらに輝いて見え、エリーザベトの世界にいるとヴェーヌスにひかれる。

この二項対立がここでは、映像やピエロ、小人、そしてお笑い的要素など、これまでワーグナーや上流文化からは差別され受け容れられなかったサブカルチャー的世界と、タンホイザーの友人の品位高いヴォルフラムやエリーザベトが居る正統的なワーグナー文化の対立に置き換えられている。事実、原作で巡礼の列が導く聖なるヴァルトブルク城は、ここではなんと、実際のバイロイトの祝祭劇場そのものに措定される。

最後に強烈な印象を投げ掛ける場面が用意されていた。原作では聖なる世界へのタンホイザーの帰還だけを願って亡くなってしまうエリーザベトが、ここでは文明の墓場のような廃車置き場に居る。そこには、やはりタンホイザーの帰還を願い、そして心密かにエリーザベトを愛していたヴォルフラムも居る。エリーザベトはヴォルフラムに、タンホイザーの衣装を着けさせた上で自ら誘って結ばれる。その後、エリーザベトは手首を切って自死する。小人がバスの中からその光景を寂しそうに見つめている。

この最後は何を意味するのか。少なくとも、文化の対立の解決の困難性と、見せかけの融和は死を招く、という警告は伝わってくる。これは現代社会における文化全般の対立をも視野に収めるものだろう。破天荒な舞台は、深遠なテーマを提示していた。

指揮のゲルギエフは祝祭劇場の特殊な音響をつかめていなかったが、歌手陣の好演が舞台に質の高い緊張感を張り巡らせた。とりわけ称賛を浴びたのは主役の二人。タンホイザー役のグールドが強靭な声で音楽をリードし、対するエリーザベト役のダヴィッドセンはやわらかな弱音をも用いて情感をくまなく表した。

遠山慶子のショパン《マズルカ》

「純粋」という美に触れる

2019.9.15

草津町（群馬県）の「草津音楽祭」を訪れると、からりと晴れ渡っていて、人々が「昨日までは大雨で大変だった」と口々に言うのを不思議な気持ちで聞きながら、山肌の草や木々に差す光の乱舞をまぶしく見ていた。

八月二十四日の夕方、「チェンバロからピアノへ／遠山慶子のショパン―マズルカ」と題した演奏会が草津音楽の森国際コンサートホールで行われた。

この音楽祭（草津夏期国際音楽アカデミー＆フェスティヴァル）によく呼ばれるクラウディオ・ブリッツィが、まずチェンバロでバッハ《イタリア協奏曲》などを演奏。最近の古楽器奏者の様式とも言えるアゴーギク（緩急法）を施した知的な演奏で、彼の古楽器演奏への主張が見えた。

遠山慶子はタイトルにある通りショパンのマズルカのみを十三曲弾いた。二十代になったばかりの一八三〇～三二年にショパンが作曲した作品六の嬰へ短調、嬰ハ短調、ホ長調、変ホ短調、続いて作品七のへ短調、変イ長調、ハ長調、作品一七の変イ長調、イ短調、作品六三のへ短調、作品六七からト短調、イ短調、ショパンの死の年の一八四九年に書かれた作品六八のへ短調。

ポーランドの舞曲の要素を持つマズルカは、言うまでもなくショパンの原点であろう。夭折とはいえ、若い時から生涯にわたって書かれたマズルカが並べて演奏されるのを聴くと、それがショパンにとっての成熟とか成長という概念を超えているのが分かる。ソナタにおいてはショパンは成長を見せている。だがマズルカはどの作品を取ってもショパンの原点であり同時に成熟でもある。その両者の側面を持つショパンの世界を開くのは極めて難しい。かつて、ポーランド生まれのステファン・アシュケナーゼが弾くマズルカのきらめきに、改めてマズルカにおけるリズムの意味を刻印された覚えがある。

遠山慶子のマズルカはまた異なった形で独特のリズムが生きていた。少ない音にもかかわらず全面を覆う多層の響きの中から濁りのない旋律が浮かび上がってくる。そこにリズムが翳りを帯びたり、ほほ笑みを浮かべたりする。それはショパンが作為したものではなく息遣いなのだろう。演奏者が解釈を示そうとする意図もなければ、演奏に関する主義主張の訴えもない。趣味の押しつけも、聴衆へのサービスも、自らへのサービスもない。聞こえてくるのはショパンが見いだした美であり、遠山慶子が見いだした美である。「純粋」という観念が浮かんだ。

遠山慶子の夫の批評家、遠山一行は「純粋批評」という概念を生み出すなど、音楽、美術への批評に「純粋」という観点をしばしば用いていた。筆者にはその意味はよく分からなかったが、遠山慶子のマズルカを聴いていて、初めて「純粋」という美に触れる思いがした。それはおそらく他者の演奏する音楽が何の介在もなく私の深い経験となることなのだろう。

外に出るとまだ夏の光が木々の表側に残っていて、まるで何も変わらなかったかのように、人々が「昨日までは大雨で大変だった」と話していた。

ロイヤル・オペラの《オテロ》

背景の差別に向き合わせる

2019.10.19

差別は人間の感情を破壊する。中世に出されたドイツの法律書には、字が読めない一般人のために絵で描かれた社会の序列も掲載されており、そこには教皇、司教、修道院長など宗教関係者を上位、農民、女召使等を下位に、二十四の階級差別が細かく定められている。末尾のほうは二十一番ザクセン人、続いてヴェンド人（スラヴ人）、ヴェンド人の女、最後の二十四番にユダヤ人、とナチ以前から人種差別、ユダヤ人差別が激しいことが分かる。芸術もまた、差別社会を背景にしている。

シェイクスピアの原作をオペラにしたヴェルディ《オテロ》は嫉妬がテーマである。キプロス島の総督・オテロは、従順な妻のデズデモナが部下のカッシオと密会しているのではないか、とあらぬ嫉妬にかられ、デズデモナを殺害してしまう。オテロを陥れようとするヤーゴの奸計に嵌まったのだが、ヤーゴがそう仕掛けたのも、自分が望んでいた隊長の座をオテロがカッシオに与えたことへの嫉妬が発端になっている。

来日した英国ロイヤル・オペラの《オテロ》は、オテロがあまりにも嫉妬にもろく足をすくわれ、ヤーゴもまたあまりにも激しくオテロを憎悪することに関して、聴衆がその遠因へ思いをめぐらすように仕向けられていた（九月十六日、神奈川県民ホール）。

原作はオテロをムーア人と措定している。デズデモナとオテロの愛の語らいの中でも、オテロがかつて奴隷であった過去が明らかにされる。このため、かつての舞台では、オテロを白人歌手が演じる場合は顔を黒く塗ることが当たり前のように行われていた。今回の舞台はそのようなことはしない。

しかし、キース・ウォーナーの光と影を活用した鋭利な演出は、オテロがヤーゴに嫉妬を吹き込まれてゆく暗い部屋の中で、怒り狂ったオテロが大きな鏡を振り返ると、オテロ自身が映るはずの鏡面に、顔だけを白塗りにした黒い巨体が現れる一瞬を創りだした。これだけで人種差別への思いに聴衆を引き込んでゆく。自らの出自から抜け出たい願望を持つオテロは、どこかで白人のデズデモナが自分を愛してくれるはずがない、と思っているからこそ、破滅的な嫉妬にとらわれたのだろう。ヤーゴがオテロを陥れるのは人種差別による憎悪も加わってのことだろう、と考えさせる。

オテロ役のグレゴリー・クンデの張りのある高音と無表情の低音の落差は、分裂したオテロ像を見事に体現していた。ヤーゴ役のジェラルド・フィンリーのこれぞシェイクスピアと思わせる演技を乗せた歌唱がオテロを追い詰める。デズデモナ役のフラチュヒ・バセンツは、あまり個性の感じられない声だが、それはオテロへの差別を意識しない無垢にも通じて、殺される前に歌う《柳の歌》を美しく聴かせた。カッシオ役のフレデリック・アンタウンの甘い声も魅力的。

そして、何よりも指揮のアントニオ・パッパーノの心理描写と、情景を浮き立たせるフレージングが、《オテロ》の嫉妬の底に横たわる差別への重いあらがいに、聴衆を否応もなく向き合わせた。

トリエステ・ヴェルディ歌劇場の《椿姫》

孤独と夢の溶け合う白い花

2019.11.16

椿は赤い花が多く、白い花は少ない。

子供のころ読んだ絵本に、病床の母親が、脇に一人で立つ少年に「白い花の椿の木の下に宝物が埋まっている」と言い遺す物語があった。少年は探し歩き、ようやく白い椿を見つけて金銀を掘り当て、一人で暮らす糧を得る。母の愛と、孤独と、夢が溶け合っていて、今も、白い椿を見ると、木の下の宝物の夢と、寂しさがよぎる。

ヴェルディのオペラ《椿姫》のイタリア語の原題は《ラ・トラヴィアータ（道をはずれた女）》。しかし、デュマ・フィスがパリの高級娼婦を主人公にした小説『椿を持つ女』をオペラ化しているので、邦訳名は、より原作に近い。彼女は白い椿を好み、赤い花を飾ることは少なかったと描写されている。オペラの中でも第一幕で高級娼婦のヴィオレッタがアルフレードに「この花がしおれるころにまたお会いしましょう」と花を渡し、愛のきっかけになる。

イタリアから来日したトリエステ・ヴェルディ歌劇場の《椿姫》ではこのとき、白い花が手渡されていた（十一月二日、東京文化会館）。演出によっては、目立つ華やかさを求めてか、赤い花を渡すことも多い。

演奏や演出は解釈をこらすうちに原作から離れてしまうことがある。その反省から、過剰になった解釈を取り去ろうとする動きはピリオド楽器（作曲された当時の楽器）による演奏をはじめ、さまざまなところで見られる。しかしオペラの演出においては、むしろ原作を破壊する競争が行われているかに思える。現代の問題意識によってオペラを捉え直す〝読み直し〟には理がある。しかしそれが行きすぎて、演出家が何か新しい視点を付け加えなければ責められるかのように、アイデアを競い、自己顕示する。

《椿姫》の物語は、今見ると、当時の社会意識にずれを感じざるを得ない。高級娼婦のヴィオレッタと愛し合うアルフレードに父のジェルモンが我が家の不名誉と怒って強引に別れさせる。これを読み直して現代の視点からの舞台にすることはいくらでもできるだろう。しかし今回のジュリオ・チャバッティの演出は、よけいなことを付け加えず、舞台にも必要のないものは置かない。原作通りを基本とする演出によって、歌を純粋に楽しむことができ、それぞれの登場人物の歌が真っすぐに届いて、しみじみと感じられた。

歌も原典に忠実で、ヴィオレッタ役のマリナ・レベカは第一幕で名歌手・カラスのように高音を顕示はしないが、細く作る声で、華やかな場の中心にありながら差別されている悲しみを十二分に伝えてくれた。先の見えないアルフレードの子供っぽさをラモン・ヴァルガスがよく表し、ジェルモン役のアルベルト・ガザーレは父の情愛と社会意識の板挟みの苦悩を声にのせる。指揮のファブリツィオ・M・カルミナーティが、オーケストラと歌のバランスを絶妙に溶け合わせる。

孤独を切々と訴えて死に至るヴィオレッタの最後の歌を聴きながら、少年と白い椿の花の物語を思い出した。

静けさのよってきたるところ

第六十二回東京国際ギターコンクールの本選

2020.1.18

何回か東京国際ギターコンクールの本選を審査させて頂いている。いつも、静けさに打たれる。それはギターの音が相対的に小さいからというわけではない。動きの少ない作品だけが弾かれたわけでもない。必ず取り上げなければならない第六十二回の本選課題曲、coba 作曲の《Return to 0》は、むしろかき鳴らすところの多い曲であった。

音量と静けさが比例しないことは、メータ指揮ベルリン・フィルのブルックナー《交響曲第八番ハ短調》の最後、サントリーホールの大空間にあらゆる楽器が鳴り響いている中で、不思議な静けさに包まれたときにも感じた。

あるいはこういう状況もある。簡易なコーヒー・チェーン店では多くの人がパソコンを開いている。私もその一人。周りがうるさくても、集中していると、店に流れるロックも遠ざかってゆく。

本選に残った六人がそれぞれのリサイタルを繰り広げた二〇一九年十二月八日の白寿ホール（東京都渋谷区）の午後は、静謐な時であった。

最初に登場したのはイタリアのジャン・マルコ・チャンパ。

緊迫した会場にチューニングの音が響く。ようやく整ったハーモニーからひと続きのように弾き始めた自由曲は、タンスマン《スクリャービンの主題による変奏曲》。

まだ前衛的になる前のスクリャービンの旋律が主題に取られている。主題も変奏もロマン的でありながらも諦観が忍び寄り、内面に分け入るように響いてくる。その両面を行き来するチャンパのギターの響きは、必然的に遠近法をまとう。スクリャービンの初期のロマン性はショパンの美観からの影響と思っていた私は、それだけではないことに気づいた。それは孤独と夢が溶け合う中で、スクリャービンが世界との距離を推し測ろうとしている響きなのだ。

二番目に登場したカルロッタ・ダリア（イタリア）は、ブローウェルの曲が《悲歌》と題されているにもかかわらず、そこに悲しみや嘆きを見いだしてないように思える。悲しみは、自分に与えられていないもの、無くなってしまったものを、欠如として感じることから来るのだろう。しかし彼女はそれを訴えず、欠如を少しずつでも自分の音の広がりで満たしてゆこうとする。《悲歌》が温かい。

以後の四人も、バッハ、シューベルト、武満など多様な曲目に全く異なる個性を発露、ギターのレパートリーの幅広さ、深さ、また歴史の流れを刻印した。

結果は、レゴンディ《ベッリーニのカプレーティとモンテッキの主題による変奏曲》を多彩な音色でまとめ上げたチー・ヒョン・パク（韓国）が一位。冒頭に弾いたチャンパが二位。ダリアは最下位であった。しかし彼女の悲しくない《悲歌》は私には救いに近い響きに感じられた。

順位は総合的な要素で決まるが、今回、音を発した後の響きの行方を丁寧に聴いている奏者に心ひかれた。それは、自分の音楽を見つめることに徹している、とも言い換えられる。静けさは、集中だけではなく、自らの精神と向き合うときにやってくるのだろう。

幻想は誰のものなのか

庄司紗矢香のシベリウス《ヴァイオリン協奏曲》

2020.2.15

ピアニッシモで弦の和音が細かく刻まれると、吹き付ける雪のように聞こえる。シベリウス《ヴァイオリン協奏曲》第一楽章冒頭のオーケストラ。わずかな間をおいて独奏ヴァイオリンが入ってくる。その長く引き延ばされるヴァイオリンの音は、多くの奏者が前奏に合わせて静かな透明感を目指す。

庄司紗矢香の音も透きとおってはいるが、血が脈打っていた。浮遊しているが、地に着いてゆく。凜としているが、なまめかしい。まるで、傷ついた白い大きな鳥が、しんしんと雪の降る原に舞い降りたよう。白い幻想は大きく跳ね、思うままに羽を伸ばしながらも、無鉄砲にならない。

その音は孤高を象徴し、しかし雪の冷たさの中にいるとむしろ温かく感じられるように、聴く者を包み込む。白一色の中に、さまざまな色が映り込んでいる。魅入られてしまう。

抒情的な第二楽章に入ると、庄司のヴァイオリンは、地の胎動を聞いている。歌うフレーズの中に、安易な歌を否定する激しい葛藤が持ち込まれる。それを超えたところに浮かび上がるスケールの大きな抒情の本質は、渇望だろうか。

第三楽章では庄司が見せた超越的な技巧が燦々《さんさん》と輝いていた。弓を持つ右手の腕のスムーズな動きと自由な手首、弦を押さえる左手の崩れない手首の型と絶妙な運指。身体と音楽が完全に一体となって自然に前へ、前へと進んでいる。それがゆえにフラジョレットも雪を吹き抜ける一陣の風のように聞こえる。これほど完璧でスピード感のある豊かなフラジョレットは耳にしたことがない。ヴァイオリン独奏と完全に溶け合ったエサ・ペッカ・サロネン指揮のフィルハーモニア管弦楽団の貢献も見事で、驚くべき一夜が生まれた（一月二十三日、東京芸術劇場）。

実は二〇一八年十一月にも、庄司のシベリウス《ヴァイオリン協奏曲》の名演をニコライ・アレクセーエフ指揮サンクトペテルブルク・フィルとの共演で聴いた。そのとき、庄司の音の出し方が以前の彼女の奏法とは変わり始めていることに気づいた。

ヴァイオリンは弓で弦をこすって、内部に空間を持つ木の箱と共振させて音を出す楽器である。庄司はこれまでと異なって、決して弓で弦を強く圧することがなかった。弓を弦に軽くあてるほうが、弦の振動が増えて音はかえって遠くまでの響きを得てゆく。そしてなによりもひとつの音色ではなく、やわらかくさまざまな色が舞い始める。同時にどうしても鋭い強さは減りがちになる。

しかし今回、見事にその矛盾が解消されていた。やわらかいのに強い。強いのにやわらかい。この前聴いてからわずか一年余。もちろん、奏法に完成ということはなく、常に進化し続けるのであろうが、すでにして前人未踏の領域に入っている。それによって、庄司のシベリウスは、作曲者の音の中で、自由に、さまざまなものを受け入れる。

そこから繰り広げられる雪の幻想は、鳥が見ているものなのか、庄司の想念なのか、聴衆の私たちが想像しているものなのか。

気配をすべて指に

ポゴレリッチのラヴェル《夜のガスパール》

2020.3.21

ポゴレリッチはリサイタルの開演直前まで、舞台上で静かにピアノを弾いている。聴衆が入ってきても意に介さないようだ。本人は「私服だから調律師と思われているでしょう」と言うが、今ではかなりの人が、ポゴレリッチ本人と気づいている。

「なぜ直前まで?」と問うと、「手を慣らしているだけ」「ピアノの鍵盤は、不思議なことに前の人が弾いた指の動きを記憶している。時間をかけてそれを消し、自分の指を覚えてもらっている」「オーケストラの団員も時々直前まで舞台で弾いているじゃない? ピアニストではなぜ不思議なの?」と逆に問い返された。

ピアノと完全に一体になろうとしているのであろうが、それだけではない気もする。おそらく舞台の上の空気、かすかに客席から来る風など、そこに流れている気配すべてを指に、そして自身の全体に染みこませようとしているのではないか、と私は想像する。なぜなら彼のリサイタルでは、そこにしかない、ほかでは起こりえない響きが聞こえてくるからである。

二月十六日、サントリーホールのリサイタルで弾かれた曲目では、たとえばベートーヴェン《ピアノ・ソナタ第十一番変ロ長調》。第一楽章冒頭の三度音程の歯切れの良い呼びかけのあと、快速で上行してゆくパッセージは、多くの演奏家が目指す明確な粒立ちからは遠く、まるで霧の中にまぎれてゆくよう。そのとき、開演前の舞台でひっそりと弾いていたポゴレリッチを包む薄明が思い返され、影が絵画のように浮かんだ。続く歌謡的な旋律もポゴレリッチの弾き方は独特で、通常のようには歌わせない。歌からレガートを消すのである。歌の初めや主要な音を強く響かせて、その響きの中に他の音符を入れてしまう。つまり歌が横の線として流れてゆくのではなく、縦の響きとして立ちのぼる。ポゴレリッチはその響きを追って聴いているから、最近の演奏は時に立ち止まり、極めて遅くなるのであろう。

ベートーヴェンの構築性がいかに響きの感性の上に成り立っているかという新鮮な発見をもたらしてくれたが、全体としてはやや違和感を持たざるを得ない。

響きになりきるポゴレリッチの手法が見事に成功したのが最後に弾かれたラヴェル《夜のガスパール》。

第一曲《オンディーヌ》では水の流れや波が見事に鍵盤から生み出され、水の精のオンディーヌは響きの精になる。遅くすることによって、思いもよらぬ半音階が浮かび上がり美しい。

第二曲《絞首台》はいかに遅くとも、曲想がもともと沈滞する音の中にあるので、不気味な不安がそのまま伝わる。

一転して終曲《スカルボ》は驚くほど速い。ラヴェルが楽譜に書き込んだ曲想を理想的に実現できる驚異的なテクニックに圧倒される。響きの交錯の中に飛び回る小悪魔のスカルボはピアノを抜け出して会場を行ったり来たりして不意に私のそばもかすめる。思わず顔をよけた瞬間、鍵盤の上のポゴレリッチの手首を立てた動きが目に飛び込んできた。

鳥たちが見る桜並木

東京・春・音楽祭「シューベルトの室内楽」

2020.4.19

鳥たちは驚いているだろう。桜の木の周りに現れた広々とした自由に。新型コロナウイルスの感染の危険性から、今年の春は上野の森の花見の宴会が禁じられた。例年なら、足の踏み場もないほど木の下は車座で、桜に挟まれた道もまっすぐに歩くことはできない。鳥たちは警戒せずには木の枝に止まれなかったはずだ。鳴り響く音楽やスピーカーの音に驚き、夕方のうちから強烈な光を放つサーチライトに目もくらんだであろう。今年、不意に訪れてきた木の上を伸び伸びと飛び回れる喜びは、彼らが生まれて以来、この時期には体験したことのなかったものかもしれない。

騒ぎのない桜並木の下を歩く人は予想より多かったが、通る人の会話が静かに浮かび上がることに驚いた。遠くまで並び続く桜は、どの花も、いつもより白く見える。

例年、この時期の上野の森は、「東京・春・音楽祭」が開かれて、大小のホール、美術館や博物館のロビーなどに音楽があふれる。今年も三月から四月にかけて、オペラ（演奏会形式）は豪華にムーティ指揮のヴェルディ《マクベス》、ヤノフスキ指揮でワーグナー《トリスタンとイゾルデ》（映像付き）、スカップッチ指揮プッチーニの三部作《外套》《修道女アンジェリカ》《ジャンニ・スキッキ》、コンサートはこのところ一層味わい深い演奏を聴かせる旧ソ連出身のピアニスト、レオンスカヤによるベートーヴェン後期の三大ピアノ・ソナタ、また歌曲では、知性と抒情が溶け合うクールマン（メゾ・ソプラノ）とクトロヴァッツ（ピアノ）のドイツ歌曲など、魅力あふれる七十以上の公演が計画されていた。

それがほとんど吹き飛んだ。イベント中止の方針が政府から出されたのに加え、外国人演奏家の出入国が難しくなったからである。日本人演奏家を主体とするわずかな公演が予定通り行われた。

鈴木大介（ギター）がさまざまな楽器と組んでシューベルトにかかわる室内楽を集めた東京文化会館小ホールの催しはその数少ない一つである（三月二十一日）。ほとんどの曲のピアノパートを鈴木がギター用に編曲した一夜は、冒頭、《ヴァイオリンとピアノのためのソナチネ》（D384）の豊嶋泰嗣のやわらかく奥深い弦の響きで始まり、歌曲や、メルツがシューベルトの歌曲をギター独奏に編曲した難技巧のもの、シューベルト初期の珍しい《ギター四重奏曲》など三部に分かれ、三時間ほど続いた。

《アルペジオーネ・ソナタ》における上村昇のチェロと鈴木のアンサンブルが、そよ風の吹くような優しい肌触りと淡い光に満ちていた。三つの楽章（アレグロ・モデラート、アダージョ、アレグレット）のどこにおいても肩肘張らず、二人とも自己を顕示しない。足下と自分の内側を見つめている。どこか日常の美しさの本質を発見するように感じられた。幻惑はされないが、身近にある美を見通すことができて、落ち着く。

今年の鳥たちが上空から見る桜の静けさを思い浮かべた。

過ぎ去った春の響き

ダムラウとヤンソンスの《四つの最後の歌》

2020.5.17

花が咲き、空は青く、光が跳ねている。時折聞こえる小鳥の声が澄み切って、静けさに消えてゆく。悪いところは何も見えない、いつもの年と同じ春。

新型コロナウイルスの感染者と死者の数を叫び続けているテレビの前を離れれば、外は静寂が光に照らされている。いつもと少し違うところは、横たわっている沈黙が動きそうにもないこと。歩いていても「コロナによる外出自粛」が効いていて、人に会わない。咲き極まっている花の木の下に、誰もいない。

道を曲がって小さな公園に出ると、突然、幼い声があれやこれや聞こえてきて驚いた。鉄棒にぶら下がり、滑り台に乗り、砂場の間を子どもたちが駆け回っている。

一瞬、〈雪とけて村いっぱいの子どもかな〉（一茶）の句が脳裏をよぎった。雪が解けて遊べるようになって繰り出してきた姿に、こんなに子どもたちが居たのかという驚き。ウイルスに痛めつけられた都会で久しぶりにエネルギーを発散させる姿に、こんなに子どもたちが居たのかという驚き。同じ驚きにしても、雪解けの喜びと二〇二〇年におけるウイルスの不安と、背景は対照的だ。

一年前の前半は世界中で新型コロナウイルスなど誰も知らなかったであろう。一月末のドイツ南部のミュンヘンも今と違って、春の美しい予感に満ちていたに違いない。そう思うのは、ミュンヘン・ヘラクレスザールでソプラノのディアナ・ダムラウとマリス・ヤンソンス指揮バイエルン放送交響楽団がR・シュトラウス《四つの最後の歌》を共演している二〇一九年一月二十四、二十五日のライヴ録音のCDを聴いたからである。

弦の低音から始まる第一曲の《春》。〈薄暗い墓の中で／長い間私は夢見ていた〉と、ほのぐらい響きで歌い出す声は、〈お前の木々と青い空を／お前の香りと小鳥の歌を〉とみるみるうちに高く駆け上って、声の色も輝かしく弾け、それにつれてオーケストラの和音も次々に変って声と溶け合い、光がうずまき、春の匂いがあふれ、たゆたう。一瞬にして、さまざまな花が咲き乱れるよう。

第二曲《九月》になると、オーケストラから雨の音が聞こえ始める。〈庭は悲しんでいる／雨が冷たく花々に降りそそぐ〉と始まる詩にやや反して、オーケストラも歌もやわらかい。夏の名残の野の花に、金色の糸のようにふりそそぐ静かな雨が思い浮かぶ。ダムラウの歌も、子どものときに野で遊んだひと時を思い返すかのように夢見がちになる。夏の終わりに合わせて声もしずまり、遠くから聞こえるホルンが夕方のとばりを引き寄せる。

第三曲に訪れてくる眠りは、星のきらめきと共に、人から思考をうばってゆくのであろうか。歌は長い間、沈黙し、その間のヴァイオリン・ソロが、おだやかに過去へ向かう。

最後、夕映えの下で人生を振り返る第四曲は、歌が〈これがもしかしたら死？〉と問う。そのあとオーケストラは低音に向かうなかで、管の高音の小鳥の声が聞こえ、静けさに沈む。

このときの春は二度と戻ってこない。

現代を照射する黒い棺

レーヴェを歌う三十五年前の小さな演奏会

2020.6.21

コンサートが世界から消えて、ほぼ三カ月たつ。これは何百年前に戻ったことになるのだろうか？　世界全体に動かしがたい沈黙がとぐろを巻いて横たわっている気がする。

たとえば、二、三百年前の状況に戻ったとすると、ちょうどベートーヴェン生誕二五〇年の今年から時計の針を逆回しにしたころになるが、当時の社会の資料からはさまざまに音が聞こえてくる。コンサートは極めて少なかった一方で、重い沈黙は感じられない。もっと前にさかのぼったとしても、瞑想の時間を持つ修道院からも、沈黙よりも音が聞こえてくる。瞑想とは、もともとは修道士が聖書を音読することであった。修道院の回廊から中庭に向かって修道士たちは聖書を音読していた。

モーツァルト、ベートーヴェンの時代に、コンサートでベートーヴェンの交響曲を聴きたいと思っても、容易には実現しなかったろう。しかしたとえばピアノ用に編曲された交響曲を家庭内のピアノで弾くことなどを通して、決してうまい演奏ではないにしても、ベートーヴェンは身近に響いていたことが資料に見える。

良い演奏は、音楽について、そして世界について、多くのことを教えてくれる。しかし、コンサートがあふれ次から次に浸っていると、たとえ僅かであっても自分で発見する、ということがなくなってくる。ついこの前まで、東京でウィーン・フィルとベルリン・フィルの公演日が重なってどちらにしようかと迷うような状況に目を奪われ、自分を見失っていたのではないだろうか。今、コンサートがなくなって突きつけられる沈黙が重く感じられるのは、失っていた自分に気づいたからかもしれない。

三十五年前の四月二十日に東京・神楽坂の「音楽の友ホール」で行われた小さなコンサートがこのほどCDになった。佐藤征一郎（バス・バリトン）によるカール・レーヴェ（一七九六〜一八六九）連続演奏会の第一回。シューベルトの時代の、広くは知られていない作曲家だが、なかでもほとんど知られない《旅籠の女将の娘》も歌われている。

三人の若者がライン河を渡り旅籠《はたご》に繰り込み、女将《おかみ》にビールとワインを頼んで「おたくの綺麗な娘さんはどこ？」とたずねる。「娘は棺の上に寝ているよ」と言われ、その部屋へ行くと娘が黒い棺に横たわっている。一人の若者が「生きていてくれたら」と嘆き、もう一人の若者がヴェールを掛け直して泣き、三人目は血の気のない唇にキスして「永遠に愛し続けるよ」と語りかける。民衆の歌を基にした詩にレーヴェが作曲した。

いかにも楽しげにリズミカルに始まるが、一転して佐藤の声が劇的に青ざめ、最後にピアノが静かなへ長調のアルペジオで昇って消えてゆく。

黒い棺が横たわる部屋には上から下までパソコンが林立し、光る画面に無数のオンライン通信が飛び交っている。黒い棺の中の娘がそれに無言の抵抗を示している。佐藤の表出力豊かな声のせいか、幻想に襲われた。

東京交響楽団　川崎定期演奏会第七十六回

現れた谷川の水

2020.7.19

オーケストラの楽団員のチューニングが始まる。オーボエがA（ラ）の音を吹き、各楽器がパートごとに音程を合わせてゆく。何でもないオーケストラの開演前の風景のはずだが、気のせいか、そのほんの数分間を団員ひとりひとりしみじみと大切にしているように聞こえた。

コロナ禍の三カ月ほどの空白を経て、東京交響楽団が川崎定期演奏会第七十六回を、聴衆を入れたコンサートとして再開した（六月二十八日、ミューザ川崎シンフォニーホール）。

ヨーロッパから来日が予定されていた指揮者とピアニストはコロナ関連の制限によって出入国が不可能になったため、新たに飯守泰次郎と田部京子が加わった。弦楽器奏者は列の前後を一・五メートルあけ、管楽器奏者以外は全員グレーのマスク姿。指揮者の飯守は一人、黒いマスクで全体が締まる。客席は距離をあけて飛び飛びに指定されている。

曲目は、ベートーヴェンの《「プロメテウスの創造物」序曲》と《ピアノ協奏曲第三番ハ短調》、メンデルスゾーン《交響曲第三番イ短調「スコットランド」》。いずれも比較的小編成だが、それでも団員同士の間隔をあけているためフル・オーケストラ並みに舞台いっぱいに広がる。

《ピアノ協奏曲第三番ハ短調》ではソリストの田部もマスクをして登場、そのままの姿でピアノに向かった。飯守はオーケストラの低音を際立たせ、厳かにハ短調の序奏が始まる。長い序奏のあと、同じ音型を落ち着いて刻んだピアノは、その後を受ける和音を、やわらかな音で静かに置く。続いて品性に満ちた、型の崩れないピアノの歌が舞う。慈しみが込められた音を通して、音階ひとつにもこれほどベートーヴェンが喜怒哀楽を表していたことを改めて知る。

第二楽章冒頭、ピアノがゆっくりと連ねる和音が旋律になり、厳然としたなかに優しさが沈み込む。そっと語ることが、人を傷つけない方法であるかのように、ピアニッシモの響きのなかに転調が溶け込んでゆく。多くを語らずとも、人の気持ちは伝わる。ピアノが伴奏型に回ると、管楽器は気持ちよく羽を伸ばすが、主張しすぎることはない。ピアノが穏やかさと神秘性の融和した和音で閉じる。

一転して、軽やかに第三楽章のピアノが踊る。

後半の《スコットランド》は全体に深い響きで、日ごろ感じていなかったメンデルスゾーンの内面性に思いが至った。演奏する団員同士が互いに聴き合う要素も強まっているに違いない。

私たちは、何年もの間、コンサートの本質を忘れていたのではないだろうか、という気がした。コンサートとは、本来、喉が渇いた者の前に現れる谷川の水なのであろう。

何回ものカーテンコールが終わると、聴衆が殺到して出入り口が密にならないように場内アナウンスが流れ、席の場所によって順番に退席するように案内された。整然と、間隔を置いて会場を後にすることができた。

シュタイアーが弾くフォルテピアノ

新しい服になじむ

2020.8.16

夢のなかで、私は何を着ているのだろう?

おしゃれな人は夢を見ているときも常に自分の服を見ているのかもしれないが、普通は夢の重要な要素ではない気がする。目覚めているときも、私の服の選び方、着方はおおむね決まっている。だが、全く知らない服を渡されたら、身に付ける順にも戸惑うかもしれない。

ベートーヴェンのピアノ・ソナタの楽章が、ソナタ形式であったり変奏曲であったりすることを、聴くときに特に意識しないのも、なじんでいるからだろう。振り返ってみると、何度も繰り返されて親しんでいることは重要なのだ。

新型コロナウイルスは、なじんでいた生活様式を突然、変えてしまった。私たちは、正面から相手の目を見て話しなさい、と教わってきた。今は向き合わずに二メートル離れなさい、と言われる。

日常の流れが分からなくなってしまったので、私には今後、着るものが選べないかもしれない。あるいは、着ている服の意味が分からないのなら、私はそれをひとつひとつ焼いていかなければならないのかもしれない、とも思う。ほかにも焼かなければならないものがたくさんあるかもしれない。夜の夢のなかの川を橙色の炎が覆い尽くす。炎のほかに何も見えない。そのあと、向こうに青空のかけらでも現れるのだろうか?

ベートーヴェンのピアノ・ソナタ第十六番を、フォルテピアノで演奏するアンドレアス・シュタイアーの新譜CDを聴いた。ベートーヴェンの作品の中ではあまり取り上げられない。彼がこの曲を作曲したころ、彼の耳は決定的なダメージを受けていた。しかし私たちはこの曲を聴いたり弾いたりするときに、そのことをいちいち思い出したりはしない。

第一楽章。何が始まるのだろうか？　普通のト長調なのに、耳慣れない音が、そっと飛び降りてきて駆け回る。二度目に繰り返されてなじむかと思うと、もう変化している。何を話しているのだろうか？　どこかで聴いたような解釈を絶対に持ち込まないシュタイアーの演奏に、やがてピアノの響きだけが広がってゆき、まるで響きの炎に覆い尽くされるようだ。すべて服を焼き尽くしてしまった身に、新しい皮膚のような音がまといつく。

聴きながら、ムジカ・アンティカ・ケルンがドイツのケルンの教会で行ったコンサートを思い出した。この古楽器アンサンブルのフォルテピアノ奏者であったシュタイアーは何を弾いても異色で、ケルン音大の卒業生たちのメンバーと触発しあっているように聞こえた。

ベートーヴェンのソナタ第十六番の第二楽章はイタリアのオペラ・アリア風で、懐かしいのに新しい。たおやかな抒情の間を嬉々として走り回る音符がある。歌が収まって、その響きのなかから生まれる第三楽章は、静かに夜の夢の川の流れに舟を浮かべている。夢のなかで、いつの間にか私は新しい服を着て、なじんでいるようだ。

新しい世界を恐れることはない、新しいものは古いものから来る、と諭されるような気がした。

コロナ禍初のオペラ上演《カルメン》

照射される愛の本質

2020.9.20

東北大震災の津波にすべてが流されてゆくテレビ映像を見て、「もう元に戻れない」と多くの人が感じたことは、その後のさまざまな発言で分かった。私自身は長い間、罪意識に襲われ続けた。しかし九年たって、現地を除けば社会は「元に戻って」しまった。私自身の罪意識も霧散してしまった。

新型コロナウイルス感染の危機は東北大震災のように過激にではないが、やはり「もう元に戻れない」感覚を静かに突きつけてくる。違いは、「元に戻りたい」気持ちが切実であった大震災時に対し、今回は「元に戻ってはいけない」と自己に言い聞かせる感覚がまじっていることであろう。コロナを機に、改めて大震災に関して、自分が部外者であったことのいい加減さを突きつけられる気がする。社会全体でも責任がうやむやになった。

藤原歌劇団がビゼー《カルメン》を上演した（八月十五日、東京・新百合ケ丘のテアトロ・ジーリオ・ショウワ）。歌手たちはフェイスシールドを付け、オーケストラ団員はマスクを着用している。

カルメンとホセは、愛の言葉を交わし合うときに、異常に距離をあけ、離れて立っている。飛沫が飛ばないようにする新型コロナ感染対策である。同時に、それは愛という関係の本質を象徴することにもなっていた。たとえ愛し合っていても、決して互いを理解することはできない。本質的に互いに近づけない。カルメンとホセは愛し合っていたはずなのに、最後にホセは嫉妬からカルメンを殺す。しかし最後まで言いなりにならなかったカルメンが精神的には、ホセを殺している。愛し合うことは殺し合うことであるという主題が強調される。それは現今のようなコロナ禍ではエゴが剥《む》き出しになる要素もあり、とりわけ切実に照射される人間関係の本質である。

従来のオペラ上演と異なりオーケストラが舞台に乗り、歌手は舞台前と、舞台背後二階部分に分かれて演技する。オーケストラ内が密になるのを避けたその工夫からは、別の効果が生まれていた。音楽が、風の音のように、雨が吹き込むように、舞台全体から湧き起こって感じられ、天地人が一体となった《カルメン》にふさわしい。

大がかりな舞台装置は影を潜めているが、舞台を上から見下ろす球体が、傷ついた月、歪んだ太陽、あるいは赤い地球のように見える。この球体は二〇一七年の公演と同じだが（岩田達宗演出）、コロナ禍では人間全体に天空の視点を加えて一層効果的であった。

カルメン役の桜井万祐子は、いかにも役にふさわしいメゾ・ソプラノの声を持っているだけに、リズムを生かしてほしかった。リズムこそが生命のリズムにつながるこの曲の本質であろう。藤田卓也のホセはいつもながらの甘い声で酔わせるが、過剰になるとホセの役が狭くなりがちである。ミカエラ役の伊藤晴は、高音で固くなることを除けば、切々とした情感を訴えかけた。

コロナ後初のこのオペラ上演は、元に戻ろうとしたのではなく、コロナが刺した日常を新たに捉え直そうとした。コロナ後に部外者であることはできない。

さまざまな形で行われるコンクール

コロナ禍時代の様式

2020.10.18

今、よほどのことがない限り「君は花のように美しい」とは、ありきたりで恥ずかしく、言葉に出来ない。しかし、かつての詩にはそのような表現が頻繁に書かれていた。メディアの発展につれ、各自が埋没しない美の表現を目指し始め「手術台の上でミシンとこうもり傘が出会ったように美しい」（ロートレアモン）というフレーズにも至る。

詩人が言葉に煩悶するように、演奏家は音に試行錯誤を強いられる。言葉が時代を反映するように、弾かれる音もまた、歴史の中にある。

秋はコンクールが集中する。今年は新型コロナウイルス禍で、中止されたものもあれば、映像審査に切り替えられたものもあり、実演で審査されるところも無観客にする対応を取っていた。

映像審査は手術台の上の演奏を見ている気がしないでもない。映像を巻き戻して演奏を部分的に再確認していると、まるで解剖のようだ。演奏する側も全編、編集なしに通して弾かなければならないので、舞台の実演とは違った緊張にさいなまれていることが伝わってくる。もちろん音楽に魅せられるときもあるが、どこか消毒のにおいがただよう。

日本全体が消毒液のにおいに満ちている。一日に何度も手を消毒していると、指紋が薄れる気がする。清潔と引き換えに、ものごとの色や味が剥落《はくらく》してゆく。

コンクールの審査会場も舞台袖まで消毒液が置いてあり、徹底した防護策が取られている。ピアノの場合、一台の楽器を多くの人が弾くので、一人弾くたびに演奏直後、鍵盤や椅子など手に触れるところ、飛沫のかかる範囲は丁寧に拭かれる。

舞台では、客席の息づかいが感じられて、聴衆と共に演奏に入っていける魅力がある。しかし息づかいは飛沫の危険性につながる。そのため無観客になるが、それでもホールという空間に演奏者の音が溶け込むと、カメラを前に弾いていては生まれない特有の燃焼感が浮かび上がってくる。

コンクール参加者の演奏を連続して聴いていて、共通してある種のかげりが感じられることに気づいた。孤独に刺され、陽気な曲想もやや面影が暗い。曲の中で和声が解決される調和の部分も、安らかになろうはずのものが、どこか痛みが感じられる。カメラを前にして一人だけだからなのか（映像審査）、広い会場の中で審査員を除けば一人だけだからなのか（実演審査）、分からない。

ふと、コロナ禍時代の様式が生まれているのかもしれないと思った。それは、舞台、劇場の空間の下に発展してきた音楽が、むりやり内面の空間に閉じ込められてゆくきしみ、痛みだろうか。広い会場で弾いていても、誰もいない。共に在りたいけれど、共に在ることは許されず、咎《とが》められる。ベートーヴェンのように「友よ」と呼びかけたくとも、呼びかけられない。

作品が時代に裏切られるのは歴史が示す通りだが、今、音や音楽の在り方が、コロナ禍の時代に裏切られている。

新たな孤独に、若い演奏家が苦闘している。

疾駆するカデンツァ

服部百音によるベートーヴェンの協奏曲

2020.11.15

多くの協奏曲にはカデンツァと指定される部分がある。その部分は作曲されていないため、ソリストはオーケストラの伴奏から離れて一人で自由に音楽を奏でる。基本的に協奏曲に特有のもので、協奏曲の成り立ちを示すものだろう。即興性が徐々に減らされてきたクラシックにおいて、ジャズやロックの即興性と最も近い部分でもある。

モーツァルトやベートーヴェンの時代の作曲家は、自作のコンサートを開いて収入を得ることが経済的基盤のひとつであった。そのとき、オーケストラをバックに自らがソリストとして登場する協奏曲は、自分を印象づける絶好の形式であった。中でもカデンツァは自由自在に自らをアピールできる。作曲者自身ではなく他の人がその曲を演奏するときも、カデンツァは演奏者の特徴、個性を多いに発揮する場となった。だが、作曲者は徐々に自分の世界への他者の安易な侵入を許さなくなる。ベートーヴェンの最後のピアノ協奏曲《皇帝》には奏者が自由にできるカデンツァが無い。

中期に作曲されたベートーヴェンのヴァイオリン協奏曲では本来のカデンツァが全楽章にある。そのため、ヨアヒムやクライスラーなど後世の名演奏家がカデンツァを作り、また現代の作曲家のシュニトケなども新たなカデンツァをものしている。現代では、クライスラーのカデンツァが最もなじまれているだろう。

若手のヴァイオリニストの服部百音《もね》がチョン・ミン指揮の東京フィルとベートーヴェンのヴァイオリン協奏曲を共演するツアーに、自作のカデンツァで挑んだ（十月二十二日、東京オペラシティ）。

第一楽章のカデンツァはクライスラーのカデンツァの導入部と同じ形で始まるので普通にクライスラーのものだと思って聴いていると、自作のものに変わってゆく。その変わり方はベートーヴェンの主題を押さえているので極めて自然なのだが、やがてまるでパガニーニのように技巧がちりばめられてゆく。もともとカデンツァには自らの技巧を披露する役割もあったから、これも理にかなっているだろう。第二楽章の短い装飾的カデンツァを経て、第三楽章のカデンツァではさらに超絶技巧の走句が炸裂する。しかし、それは華やかな技巧の自己顕示ではなく、やむにやまれぬ自己表出のように思えた。

炸裂する音はベートーヴェンの高貴への憧憬を含みながらも、今、服部が生きてゆくことの自らの苦悩をほとばしらせる。疾駆する音が自らの内面を刺しているように聞こえる。ベートーヴェンの協奏曲の音域を超えて下一点ト音から五点ニ音まで駆け上がるこのカデンツァはベートーヴェンの時代のヴァイオリニストにはおそらく技術的に弾けないだろう。その意味では時代様式を逸脱し、泰然たるベートーヴェンの協奏曲が、いわば苦悩に満ちたショスタコーヴィチの協奏曲のようにすら聞こえる。それだけに、カデンツァを経てベートーヴェンの調和に回帰する各楽章の最後は、浄福感に満ちていた。

服部にとって、現代においてベートーヴェンの協奏曲を弾くという必然性が、まさにカデンツァを核として伝わってきた。

シュッツ合唱団「レクイエムの集い」

うねる嘆き、悲しみ

2020.12.20

今年も多くの方が亡くなった。五十年ほど前に東京で発足したハインリヒ・シュッツ合唱団は、毎年「レクイエムの集い」を行っている。その年に亡くなった家族や親しい人の名前を合唱団に事前に届けると、公演で祈りが捧げられる。今年はどこも新型コロナ対応のため合唱の公演に難色を示し、ようやく府中の森芸術劇場の小ホールが認めてくれたという。

私は無宗教でもあり、名前は届けなかったが、何人かの姿を心に秘めながら十一月五日の夜、会場へ向かった。近づくと、道のあちらこちらから人々が集まってくる。この合唱団の公演にこれほど多くの人が参集していた経験はなく、不安な世情に祈りたい人が多いのであろうか、と驚いた。ロビーに入ると大ホールと小ホールに分かれる。大ホールはテレビのバラエティ番組によく登場する華やかなヴァイオリニストの会で、人の波はそこに吸い込まれていった。小ホールの聴衆は少ない。コロナ対策でひとつ置きの着席のため、三分の一も入っていないように見える。

プログラム冒頭は、ヨハン・ヘルマン・シャイン（一五八六〜一六三〇）の宗教的マドリガル集から《ヤコブは息子たちに命じ終えると息を引き取った》。

息子たちにすべての指示を終えて静かに死につくヤコブの姿を描いた無伴奏の五声合唱である。「ヤコブは〜」と息をひそめて歌い出し、横たわるヤコブに息子のヨセフがうつ伏して泣く様までをきめこまやかに描く。

二曲目《エフライムは私のかけがえのない息子ではないのか》は、そのヨセフの息子・エフライムが外面的な栄華に目がくらんだ際、主が父のように語りかける言葉に根ざしている。「私のかけがえのない息子ではないのか」「私は彼を憐れまずにはいられない」の言葉に付けたシャインの嘆きの音、鬱屈する旋律に、合唱は音程の枠を超えてうねるように内面を表す。重なる声に、新たに亡くなった人すべてへの激しい感情、思いが聞こえてきた。

続いて、現代のペルトによる《バビロンの流れのほとりに座り泣いた》(詩編一三七)。ここには題名を除いて詩編の言葉はなく、母音のみが楽器のように歌われ、時にオルガンが加わる。言葉を発することのできない渇望、そこからやがてすべてが言葉に感じられる充足へと変わってゆく。そしてシュッツの諸作品にこの合唱団の長年の蓄積が体現された。とりわけ《リタニア(連祷)》で先唱を務めた淡野弓子の明るく広がるやわらかい響きに打たれる。

後半は椎名雄一郎のオルガン独奏でハインリヒ・シャイデマン(一五九五〜一六六三)《キリストは死の縄目につながれたり》によって始まった。輝かしい喜びで終わる音は、バッハ《イエス、わが喜び》の三〜五声合唱に引き継がれ、最後に再びシャインの《涙とともに種まく者は》などが歌われる。

プログラムの巻末に、祈りを捧げられる数多くの名前が記載されている。

歌唱の背後から、それらの名前を一人ずつ静かに読み上げている声が聞こえてくるかのような錯覚にとらわれた。

庄司紗矢香のバルトーク

世界の傷が現れる

2021.1.17

コンサートは、ヴィキングル・オラフソンによる聞こえるか聞こえないほどのピアノの最弱音で始まった。バッハの《ヴァイオリン・ソナタ第五番ヘ短調》第一楽章ラルゴ(二〇二〇年十二月二十三日、サントリーホール)。

それは伴奏としての前奏ではなく、バッハが追悼式に書いたモテットの影を映す悲しい主題である。長いピアノの後、庄司紗矢香のヴァイオリンが低く静かにバスの線を加える。そのとき、オラフソンのピアニッシモの意味もさらに重きを増した。本来、チェンバロで書かれているため、現代のピアノで弾かれるとヴァイオリンとの音量の差が増大する。それがピアニッシモであるため最適のバランスになる。

ピアノの弱音とヴァイオリンの弱音が響き合うことで、かそけき対話が生まれる。それは、精神世界につながるように深く染み通ってくる。背景に受難をも感じさせる。第三楽章において、装飾的なピアノに対し、和音を重ねる庄司のヴァイオリンは重音だけであるにもかかわらず、いかに旋律的な歌を感じさせることか。

続くバルトークの《ヴァイオリン・ソナタ第一番》では両者ともに時に激しいフォルティッシモをも繰り広げる。しかし、世界の隅々まで耳を澄ます姿勢はバッハのときと全く変わらない。

聴きながら、作曲家のバルトークの晩年の逸話を思い出した。戦下の一九四〇年にバルトークがナチ占領下の母国ハンガリーからアメリカに亡命したときのこと。ニューヨークに暮らし始めたある日、家のネコが居なくなったと家人やその友人が騒いでいると、バルトークがネコの鳴き声が聞こえる、と真夜中、皆をかなり離れた森の中へ連れて行った。バルトーク以外には誰にも聞こえなかった鳴き声が、森の中の大きな木に近づくと、皆にも聞こえた。高い木のてっぺんにネコは登っていた。バルトークはその木の下にうずたかく積もった枯れ葉を手で掘っている。

バルトークは言葉以上に、全身の五感で世界を把握していたのだろう。自然の表面を見ているだけではない。その下に積もっている死のにおい、そして森やビルの都会を包み込む夜気にまぎれている不安をも、精密にかぎわけている。そこには言葉のない思想がある。それを音にする庄司とオラフソンの演奏からは、現在の状況を映して、戦争だけでなく新型コロナにも深くえぐられた世界の傷が現れてくる気がした。

プログラムの後半は、ロシアのプロコフィエフ《五つのメロディ》にアンサンブルが色とりどりの音を繰り広げ、最後にドイツ・ロマン派、ブラームスの《ヴァイオリン・ソナタ第二番イ長調》。ブラームスはオラフソンからのリクエストとのことだが、庄司は「ブラームスには、バルトークと同じハンガリー音楽からの影響が見られる。またバルトークを分析すると、和声がブラームス的であることがいくつもある。ブラームスとバルトークの歴史的、精神的なつながりを感じた」と語る。

バルトークで傷ついた世界を体現したのに比し、ブラームスの演奏では、おだやかな歌に治癒への願望が強く感じられた。安らかな和音に悲しみが入り交じった。

コロナ禍に響くファウストのリサイタル

不器用な春

2021.2.21

心に掛かっているひとつひとつを少しの違和もなく嘘もなく話そうとすると、どうしても、つっかえたり、引っかかったりする。そのせいか、すらすらと話す人に感嘆することは多々あるが、不器用に話している人にも強く共感する。

音楽は長い間、修辞学にたとえられてきたように、音の言葉から成っている。だから、作品も演奏も器用、不器用がある。

一月二十六日、新型コロナウイルス感染症緊急事態宣言が発出された只中の東京・銀座の王子ホールで、イザベル・ファウスト（ヴァイオリン）とアレクサンドル・メルニコフ（ピアノ）のデュオ・リサイタルが開かれた。来日後、感染対策のため二週間の隔離を経た上で臨んだ彼らのプログラムは、シューマンの《ヴァイオリン・ソナタ第一番イ短調》と同《第二番ニ短調》、ブラームスの《ヴァイオリン・ソナタ変ホ長調》（Op. 120-2）をメインとする。

最初の曲、シューマンのソナタ第一番の出だしには、誰もがほの暗さを感じるだろう。ファウストはその憂鬱な色合いを確かめるように、ゆっくりとしたテンポで弾く。メルニコフが切り込んでも、付き合い良く合わすということはない。

アンサンブルをしているのに、互いに孤独なこの感覚はどこから来るのだろう。ファウストはシューマンから受け取る内的なことだけを音にしようとする。対するメルニコフに内的なものがないわけではない。彼はシューマンの感情のほとばしりに同化したいのだろう。

シューマンの曲には両面がある。思いは一途であっても表現されるときにどうしても複雑に屈折してしまう面と、精神がさまざまに格闘していても表現されるときには一直線に噴き出す面と。この自己矛盾が曲の中に痛みと陶酔を生む。とりわけソナタ第二番ニ短調のコラールにも聞こえる第三楽章で、二人の孤独が対峙するアンサンブルは、激動を秘めた静かな美を生み出していた。

しかしこの日、最も心動かされたのはブラームス《ヴァイオリン・ソナタ変ホ長調》(Op. 120–2)。これは三曲あるブラームスのヴァイオリン・ソナタと異なって、《クラリネット・ソナタ第二番》を作曲者自身がヴァイオリン用に編曲したもの。ブラームスの生涯最後のソナタである。

まるでシューマンの歌曲のように多彩に転調する主題は美しい春を描くよう。あるいは冬の寒さのさなかに春を待ち望むよう。しかし繊細を極めているのに、それは粋にならず、どこか不器用な春である。音のつながりをなめらかにするよりも、ばらばらになっても少しの違和もなく嘘もなく伝えようとする同じ尺度に、ブラームスとファウストが立っている。

新型コロナウイルス感染症緊急事態宣言が発出された下にある私たちには、いつ、何が起こるのか分からない。何日か後の未来も不透明である。だからこそ、今この瞬間に語られる言葉のひとつひとつを確実に押さえようという思いが、強く伝わってくるのだろう。

このブラームスの最後のソナタは、コロナ禍で先が見えない私たちの内なる春のようであった。

二期会《タンホイザー》

救済なき救済

2021.3.21

「純愛」の考え方は時代に連れて変わる。長い間、「純愛」は精神的な愛に位置づけられてきた。対するは、官能的な肉欲。これには歴史的な強弁の経緯がある。古代ギリシャでは、社会を指導する碩学の少年愛が問題にされた。それに関し、哲学者が、少年との愛は肉体的なことではなく、少年による碩学の知への憧れがもたらす知的な上昇志向によるもの、といわば肉欲を精神へすり替えたのである。結果として、肉体的な愛が下位、精神的な愛が上位とする構造が形作られた。この二分はキリスト教が肉体と信心を峻別することで、さらに徹底された。

ワーグナーの《タンホイザー》は、快楽を呼ぶ肉体的な愛と、信仰に通じる精神的な愛の対立、葛藤を描いている。主人公の騎士、タンホイザーが、官能的な女性・ヴェーヌスの世界と信心深いエリーザベトの世界の双方に没入する姿が第一幕と第二幕で描き分けられる。

しかし、ワーグナー自身も未完成の要素を口にしていたように、《タンホイザー》には分かりづらいところがある。特に、信仰の歴史を刻印づけられていない私たちには、死を賭すまでに肉欲と信仰が対立する話の進行に沿いにくい。

東京文化会館で上演された二期会の《タンホイザー》は、音楽も舞台も緊張感を伴って深い意味をたたえていた（二月二十日）。

キース・ウォーナーの原演出（ドロテア・キルシュバウム演出補）は、哲学的に真摯な描出を見せる。ヴェーヌスの世界とエリーザベトの世界が分けられてはいるが、通念通り二分するのではなく、舞台の奥に劇中劇のような額縁の舞台があり、エリーザベトの世界を描いているときも額縁の舞台の中は官能的な群舞がうずまくヴェーヌスの世界になっている。しかも額縁の中と外の舞台を人は時に出入りして入り交じる。

この二つは対立していながらも、闇がなければ光が分からないように、互いに必要とする対立なのだと気づかせる。こちらにいると向こうに入りたくなり、反対もまたしかり。官能の世界に溺れるタンホイザーがなぜ信仰の世界に行こうとするのか、また苦労してエリーザベトの世界に入れたのになぜヴェーヌスの世界に舞い戻ろうとするのか、理解が及びにくい点が、この演出によってよく分かる。信仰と肉欲の世界ともにそれ自体を絶対化して相手を裁断することはせず、互いに離れたときに魅力や本質が見えて近づこうとするもの、と価値を相対化している。

最後の第三幕では、舞台に設置された円錐形の筒の中を天に向けてタンホイザーが登ってゆくと、天からは亡くなったエリーザベトが下りてきて、二人は手を伸ばし合うが、結ばれない。この舞台においては、絶対化しないという意味で、救済されないことが救済なのである。

セバスティアン・ヴァイグレ指揮の読売日本交響楽団の演奏は表面的にならず、いかなるこまやかなフレーズにも必然性を探り、響きが多層的に意味を成す。主役の片寄純也はやや音程が不安定であったが、ワーグナー歌手としての力量を十分に発揮。エリーザベト役の田崎尚美は緻密な美声で引き付けた。二期会合唱団がピアニッシモからフォルテまで魅了した。

シュッツ合唱団日本初演の《受難》

断絶と、希求と

2021.4.18

「時は夜であった」

時間が不意に止まることは知っている。科学的に計測される時間は均一に流れていても、生きるなかに組み込まれた時間は別に流れる。そこには濃い、薄いがある。人類の歴史の時間も、計測される時間とは大きく異なるに違いない。

冒頭の一文は、オーストリアのハインリヒ・フォン・ヘルツォーゲンベルク（一八四三～一九〇〇）作曲の《受難》の歌詞に見られる。その言葉が福音史家によって重く歌われたとき、それは特別な夜であったという思いが色濃く押し寄せてきた。実証的史実が指す夜とは無論、異なる時間だろう。

ハインリヒ・シュッツ合唱団・東京とメンデルスゾーン・コーアの二つの合唱団によって日本初演された《受難》は、ヨハネ福音書に基づき第一部「聖木曜日」十四曲、第二部「聖金曜日」二十曲からなる教会オラトリオである（三月二十三日、東京・武蔵野市民文化会館）。合唱、叙唱、会衆と共に歌うコラール（今回はコロナ感染対策上、舞台上だけで歌われた）に分かれ、無伴奏の曲を除きムシカ・ポエティカ弦楽アンサンブルとオルガンが共演する。

ヘルツォーゲンベルクと、バッハ研究者のフリードリヒ・シュピッタが七年かけて作成した台本は、「バッハの受難曲の豊富な内容はバッハの時代を過ぎると受容仕切れないのではないか」という視点に基づく。

第一部で福音史家（及川豊）が登場すると、まずイエス（淡野太郎）が弟子たちの足を洗う場面が歌われる。弟子のペテロ（中川郁太郎）が、おそれ多いとしりごむと、イエスは四分の三から四分の四へ拍子を変えてゆっくりと「それなら君は私となんのかかわりもない」と突き放す。知られているイエスの言葉にもかかわらず、歌い方、演奏を含めて、衝撃的であった。イエスと弟子たちは、裏切ったユダをも含め、どこか大きなつながりがあるという思いを前提にしていたが、それが突き崩される。イエスと弟子、そして神と人々との断絶が底流を貫いている、と示すかのようだ。対立や行き違い、ゆるし、憧憬などが交錯する曲の底に、断絶が沈む。

そのうえで指揮の淡野太郎は、断ち切られているが故の、つながりたいという渇望、希求を太い奔流として引き出す。合唱を体ごと濃厚な時間に没入させる。だからこそ、第二部のアリオーソで、弦楽合奏が静かに下行してゆくなか、ペテロの手紙からの言葉を歌うアルト（淡野弓子）の凜とした声が浮かび上がるのだろう。手紙には、罵られても罵り返さないイエスの平静な姿がたたえられている。しかし、人々は四重唱及び合唱で、「私たちはどこへ行けばよいのでしょうか?」と惑い、右往左往する。「どこへ?（Wohin)」の言葉が交互に関わりなく孤独なリズムを形作る。

それらが怒濤のように押し寄せた果て、最後に近く四重唱及びアルト斉唱（コラール）が、ヴィオラの心優しい旋律に導かれ、静かに「愛するときに愛は現れる」と歌った。

和声の美しさが、自分の居る場所を離れてどこからか、「慌てることはない。浮足立つな」とコロナ禍の現代へ呼びかけてくるように聞こえた。

時間から自由に

川村英司の卒寿記念「独唱会」

2021.5.16

自分の年齢は自覚できるが、他人の年齢は自分が体験することができないので分からない。九十歳と二十歳と、どう違うのだろうか。

バリトン、川村英司の卒寿記念の「独唱会」を聴いた（四月二十三日、東京・豊洲シビックセンターホール）。共演のピアノの小林道夫も米寿である。一般的に、年齢は周りの社会の通念が規定するものと心得てはいたが、その規定に基づいた予想が、ここまで覆されるとは思わなかった。

シューベルト《白鳥の歌》よりの四曲から始まるプログラムは、冒頭が《愛の使い（Liebesbotschaft）》。第一声から、いわゆる通念上の感覚で言えば、恐ろしく若い。それだけでなく、「Rauschen…」（せせらぐ）と小川を描写するレルシュタープの詩句の始まりのRが子音の硬い発音ではなく、やわらかい響きで水が湧き出《い》でて流れるように広がり、しかもその響きが音程を正確に捉えて小川の中心を指し示す。遠く離れた彼女への思いを小川に託す詩が、ドイツ語の美しい響きと、シューベルトの波のような音のあわいに、岸辺で首かしげる彼女の姿、深紅のバラを息づかせる冷たい水など、さまざまな情景を浮かび上がらせる。揺れ動く時間に沿う繊細な息づかいに、そこはかとなく品格が生じている。

続く《我が宿（Aufenthalt）》もレルシュタープの詩句が同じ「Rauschen…」で始まる。川村自身が「Rを歌い分けたい」と言っていた通り、森を描写するこちらの始まりのRは、かすかに枝のぶつかり合いのようにざわめく。詩のなかで、涙を流し続ける苦悩が、太古からの地の鼓動として聞こえてくる。詩の文脈によってこれほどの言葉の響きの違いを見せるのは、ドイツ語を長年学び続ける蓄積によって生み出された感性によるものなのだろう。

川村にとってドイツ語は母国語ではない。歌の合間に、大学やウィーンに留学して学んだことを話す転換が効いている。ヘッセルト先生からブラームス《過ぎ去りし恋（Alte Liebe）》で「休止符をきちんと休んで歌うように教わった」ことなど、昨日、教室で言われたばかりのように楽しそうに、時間を自由に行き来する。実際、この日も歌われた《過ぎ去りし恋》は、休止符の度に深い沈黙が刻まれてゆく。それが過去を振り返る歌詞（カンディドゥス）を夢幻に導く。〈誰かが遠くから私を呼ぶ／その目は私を見つめる〉。人生の蓄積を経た九十歳の川村と、まだ何も知らない二十歳の川村が、一体となって現前している。

鼻持ちならない批評家を揶揄したメーリケの詩にヴォルフが面白おかしく音符を踊らせた《あばよ（Abschied）》をピアノの小林と共に卓抜にあやつり、からりとコンサートを終えた。

アンコールの《荒城の月》（滝廉太郎）では、一転して日本語が深々と意味を伝えてきた。それは川村が日本で育ったからだろうか？　いや、ドイツ語の響きを極めた川村であるからこそ出来たことに違いない。

場所、時間から自由になるとき、年齢からも解き放たれるのだろう。

サーリアホのオペラ《余韻》

「無」を響かせる

2021.7.18

日本の能と西洋のクラシック音楽との結びつきは、英国のブリテンが能の『隅田川』を翻案してオペラ《カーリュー・リヴァー》を作曲したように、これまでも実例がある。西洋から見て、能が最も日本的なものに捉えられるのかもしれない。それによってまた、現代の私たちが西洋の視線から能を読み直している要素もある。

フィンランドのカイヤ・サーリアホが能の『経正』と『羽衣』に基づいて作曲したオペラ《余韻(Only the Sound Remains)》が六月六日、東京文化会館で上演された。二〇一六年にアムステルダムで初演されたものに今回、手直しを加え、日本初演になる。

前半の『経正』は、一ノ谷の合戦で命を落とした琵琶の名手、平経正を弔うため、仁和寺の僧・行慶が経正の愛器「青山」を手向け、管弦講を催すというもの。経正の亡霊が現れ「青山」を奏でるが、憤りから修羅の姿に変化したことを恥じ、姿を消す。

簡素な舞台は、無地のスクリーンを掛けた大きな衣桁《いこう》のようにも障子のようにも見える装置が中央に一つあるだけ(アレクシ・バリエール演出)。そこに経正の姿や琵琶やさまざまなものが映る。

サーリアホの音楽は、フィンランドの民族楽器のカンテレや、フルート、弦楽器、打楽器等を用いて、人の動きから心情、風景まで、あらゆるものを響きに還元する。琵琶以上に琵琶の響きに感じる刹那もある。高音にはカンテレやフルートがきらめき、中音はやわらかな風のように弦を中心にゆらめく。低音は情念、精神が懊悩し、すべてが定型のない響きで描かれる。経正役のミハウ・スワヴェツキ（カウンター・テナー）、行慶役のブライアン・マリー（バス・バリトン）の声も一体となる。

「青山」が鳴り始めて加わる森山開次のダンスは、奏でられる弦が激しさをつのらせるに従って逆に極めて動きを少なくしてゆき、響きの核にある静謐を表す。そのとき、音による思考の彼我の違いが、「無」の表現の対比として、鮮烈に舞台に刻印されて伝わってきた。サーリアホが「無」をも響きで描き尽くそうとすることによって、能の中に「無」の瞬間があることを気づかせたと言ってもいい。その「無」が、生の欺瞞を突き崩す。

障子のようなスクリーンに、池に映る紅葉が激しい雨に打たれて揺れる様が投影される。経正が消える最後の映像は、舞い上がる紅蓮《ぐれん》の火に蛾が飛び込む速水御舟の日本画『炎舞』を想起させる。休憩後、何もない薄明の舞台による『羽衣』は、一転して軽やかになる。そこでは投影がないにもかかわらず、まるで降りしきる雪、あるいは吹雪く花びらが舞台を敷き詰めるような幻想が浮かび上がる。

クレマン・マオ・タカスの指揮と演奏陣（ヴァイオリン＝成田達輝、瀧村依里、ヴィオラ＝原裕子、チェロ＝笹沼樹、カンテレ＝エイヤ・カンカーンランタ、フルート＝カミラ・ホイテンガ、打楽器＝神戸光徳。新国立劇場合唱団）は、いかにこの舞台の本質について考えているかが伝わってくる響きを創出していた。

分裂する声

新国立劇場《カルメン》

2021.8.15

人の表面の行動と、内面の声が違っていることは、よくあることだ。接していても、それはなかなか分かりにくい。分からぬままに騙されることも多い。意図的に騙すだけではなく、どうしても内面の声にそむく行動に出てしまうこともあるだろう。特に恋愛に煩悶しているときにはそうなりがちだ。

新国立劇場が新制作したビゼーのオペラ《カルメン》におけるアレックス・オリエの演出は、カルメンを現代のロックスターに読み直す意匠が目をひく（七月三日）。カルメンが当時の社会で、自由を求めて真剣に生きようとするがゆえに〝はずれ者〟にならざるを得ない原作の概念に鑑みれば、この読み直しは全く違和感がない。

映像でドラムスなどをバックに、ロッカーの衣裳でステージに立つカルメン役のステファニー・ドゥストラックが映され、その映像とダブりながら、実際の舞台でも歌うという複雑な二重構造になる。すると、《カルメン》の中でも有名な《ハバネラ》などのアリアをオーケストラ伴奏で歌っているにもかかわらず、その油を含んだような甘さを持つ声が、耳の中ではジャニス・ジョプリン、ビリー・ホリディ、エイミー・ワインハウスなどの女性ロッカーのシャウトと重なって聴こえる。ロッカーをステレオタイプに捉えることはできないが、健全な明るい社会の偽善を見抜き、麻薬や性に乱れる不健全な社会にこそ真実を見いだした彼らの心情はカルメンに共通するものだろう。健全な社会の真っ当な価値を信じていた伍長のドン・ホセはカルメンに出会って揺らぎ、自己分裂してゆく。

コロナ禍であろうとなかろうと、公演には思わぬ事態が起こる。今回も生ものの舞台ゆえの驚くべき変更があった。カルメンと桎梏の愛に陥るドン・ホセ役には当初、ミグラン・アガザニアンが予定されていたが出演できなくなり、村上敏明に変わった。ところが公演当日、大野和士芸術監督が舞台に出て、村上敏明の調子が上がらず、舞台上では村上敏明がドン・ホセ役を演じるけれど、歌唱は舞台の端で村上公太が務めると断りを述べた。長年、オペラを見ているが、経験のない出来事である。

舞台を見ると、確かにドン・ホセはカルメンと絡んでいるが、ドン・ホセの声は舞台端から聞こえる。極めて違和感がある。しかし、高音のやわらかい響きから強く迫る声まで緩みのない村上公太の見事な歌唱を聴いているうちに、その音楽に打たれたからだろう、一種の錯覚に落ち込んだ。ドン・ホセがカルメンに対して取っている行動と、彼の内面の声が異なっているように思えてきたのである。全舞台を通してドン・ホセの声がドン・ホセの肉体ではないところから聞こえてきたからに違いない。頂点は、最後にドン・ホセがカルメンを刺す場面に来る。ドン・ホセは、自分を捨てて「闘牛士を愛している」と叫ぶカルメンをナイフで刺し殺す。しかし彼の内面の声は「生きてくれ」という叫びであったような幻想に襲われた。

《カルメン》とは社会に通らない内なる叫びの姿なのだろう。

二期会のオペラ《ルル》

今だからこそ理解

2021.9.19

出来たてのワインはコクが不足するが、時を経ればなじんでくる。通でもない私には分からないが、飲むのにちょうどのタイミングがあるらしい。

音楽作品にもそれはある。演奏家や聴き手の住む時代や環境が、その作品を味わうのに適してくるのだろうか。

滅多に上演されないアルバン・ベルクのオペラ《ルル》を二期会の上演で見た（八月二十九日、新宿文化センター大ホール）。

《ルル》がこれまで敬遠されてきた理由としては、二十世紀のウィーンで活躍したベルクが無調、十二音技法など現代のいわゆる〝難しい〟音楽の主唱者の一人であった面が大きいだろう。しかし先入観なしに聴くと、実際には《ルル》の音は甘く華やかな響きに満ちて、決して〝しかめ面〟の音楽ではない。

ではなぜ、あまり上演されなかったのだろうか？　劇の内容が分かりにくいこともあるだろう。

貧民街で暮らしていた少女ルルは新聞社の編集長であるシェーン博士に拾われる。二人は愛人関係になるが、シェーン博士はルルを初老の医療関係者と結婚させ、自分は高級官僚の娘と付き合う。ルルはコケティッシュで、ルルをモデルとして描いていた画家も彼女に言い寄る。その現場を見たルルの夫は心臓麻痺を起こして死んでしまう。シェーン博士はルルを画家と再婚させる。シェーン博士が高級官僚の娘と婚約すると、本当はシェーン博士と結婚したいルルと、激しい言い争いになる。シェーン博士はルルの汚れた過去を画家に暴露し、ショックを受けた画家は自殺する。その後、根負けしてルルと結婚したシェーン博士だが、ルルが複数の信奉者と関係を続けていたことを知ってルルにピストルを突きつけて自殺を迫る。ところがルルはピストルを奪い、シェーン博士を射殺してしまう。逮捕されて刑務所に入ったルルに対して信奉者たちは、ルルをコレラに感染させ、管理が甘い隔離病棟から脱獄させることに成功する…。

過去二回、このオペラを見たときは登場人物の心理が全く分からなかった。今回の舞台はドイツで活躍するカロリーネ・グルーバーの演出。複雑な筋を、差別とエロティシズムの視点から一刀両断する。舞台上でルルは短いスカートをはく性のシンボルとして描かれ、誰もが貧民街育ちのルルを見下して性的に自由にしようとしていることが分かる。かつて、このオペラの音楽は新しくてもテーマは古色蒼然としていると思ったことがあった。しかし、ジェンダーの問題が高まりを見せてきた今、古いのではなく、そこに潜む女性差別を浮き上がらせていることが分かる。それを告発しているように見えてくるのは演出家の腕もあるが、時代がなせる技でもあろう。突拍子もなく感じられたコレラもコロナと二重写しになる。ルル役の冨平安希子をはじめ歌手陣が見事な声の劇を作り上げていたのも、背景への理解が行き渡っていたからに違いない。

マキシム・パスカル指揮の東京フィルが響きを丹念に腑分けし、音楽と演出が一体となった魅力的な《ルル》の舞台が生まれた。

新国立劇場《チェネレントラ》

結婚を読み直す

2021.10.17

「シンデレラ」の童話は研究書によると世界中に無数にあるようだ。それに類するものは私も複数読み、舞台もいくつか見た。その中で、日本で定着した英語のシンデレラは、イタリア語ではチェネレントラ、フランス語はサンドリヨン、ドイツ語ではアシェンプテルと称することも知った。いずれも、姉二人にいじめられて汚い仕事を押しつけられていた末娘が、王子と愛し合い結ばれるという筋道に大差はない。

記憶に鮮烈に残っているのは、マギー・マランがリヨン・オペラ・バレエ団に振り付けた《サンドリヨン》。いじめ役の姉二人も、差別される側のシンデレラも、異様な仮面を被って同じような奇っ怪な動作で踊り、王子を射止めたいという醜悪な欲望においては三人とも同類項だと喝破してみせた。

今回の新国立劇場の《チェネレントラ》はロッシーニのオペラブッファ。ディズニーが仕立てたカボチャの馬車やガラスの靴などの魔法はむろん登場せず、全編に笑いがちりばめられ、王子と結ばれたシンデレラ（チェネレントラ）が姉たちを大きな心で許すというブッファらしからぬ大団円が用意されている（十月六日）。粟國淳の演出は、全体を映画撮影の中での話に変えて、シンデレラ・ストーリーを一種の劇中劇として扱った。一見よくある読み直しのように思えるが、これはマギー・マランにも匹敵する本質に踏み込んだ解釈だろう。シンデレラは王子と結婚したいのではなく、映画スターになりたいのである。これまで哲学や心理学を援用してどのように読み直そうとも、最後にシンデレラが王子と結婚して負の状況が逆転する大枠は変わらなかった。差別された貧しい娘が結婚という外部的な状況変化で救済される童話の筋だては、王子の側に立てば、助けてあげるという上からの視線を子どもたちに刻印しないだろうか。

今回の演出は、性差別をなくそうとする意識が強まっている現代においても、等閑視されがちな結婚の構造をどう位置づけるのか、という現実社会への問題提起にもつながる。

オペラの中の台詞を全面的に変えることはできないが、粟國は序曲の間に字幕を付けるなどして、映画製作の現場であることを明確にする。王子の財力なしでは何もできないシンデレラの基本状況にも、映画スターになる設定によって経済的な自立の要素を加えた。さまざまな差別から解き放ち、現代にシンデレラを問い直していると言えるだろう。

歌手陣が素晴らしかった。王子役のルネ・バルベラ（テノール）は高音が輝かしく突き抜け、中低音はやわらかい声で魅せる。偽王子役の上江隼人（バリトン）は中高音で豊かな声が張りをもって響き渡り、圧倒する。姉妹の父親役のアレッサンドロ・コルベッリ（バリトン）も芸を声に乗せて笑いを誘い、対して王子の教育係のガブリエーレ・サゴーナ（バス）は渋い味を聴かせる。そうした声に囲まれたシンデレラ役の脇園彩（メゾ・ソプラノ）は自然なフレージングで、周囲に溶け込んでいた。水準の高い歌手陣をうまくまとめた城谷正博指揮東京フィル、切れ味の良い新国立劇場合唱団にも拍手を送りたい。

2021.11.21

〝草の根オペラ〟として

《シャルリー〜茶色の朝》

犬や猫が、オレンジ色の毛並みのものだけになったら世の中、気持ちが悪い。しかも、それ以外の色の犬猫は殺さなければならず、かつて黒など違う色の犬猫を飼っていたことだけで逮捕されることになれば。

神奈川県立音楽堂で上演されたブルーノ・ジネールのオペラ《シャルリー〜茶色の朝（Matin brun）》は、日本初演の小ぶりのオペラだが、不気味で恐ろしい（十月三十日）。

茶色はナチスの制服のシャツの色を暗示しているとプログラム解説にあったが、鈴木孝夫がメグレ警部シリーズや多くの例に基づいて指摘したように、フランス人などと日本人の色の感覚は違う。茶色はフランス語や英語（brun, brown）では、日本で言うオレンジ色や黄色をも指す（鈴木孝夫『日本語と外国語』）。オペラを見ている私の中では一挙にオレンジ色の犬猫のイメージが広がった。

舞台には具体的な犬猫は登場しない。友人のシャルリーが「私」（ソプラノのアデール・カルリエ）に話すことに基づいて進むが、シャルリーも舞台には登場しない。犬を殺すのも、茶色でない猫を排除する法律に賛成するのも、シャルリーが話すのを聞いた、と「私」が語ることによって観客に伝わる。ベケットの『ゴドーを待ちながら』のようにシャルリーはずっと不在なのだ。テラスでコーヒーを飲んだり、ひなたぼっこしてくつろいだりしている生活がいつのまにか権力の弾圧下に置かれる。現代の寓話である。

舞台には紗幕《しゃまく》が降り、ヴァイオリン、クラリネット、チェロ、ピアノの演奏陣は紗幕の奥に陣取る。ソプラノだけが前面に出て一人芝居をし、歌う。背後のアンサンブルは曲を奏でるというよりも心理描写を音に反映させせながら、主張はしない。

聴衆を引き込む魅力的なオペラだが、内容は決して最先端のものではない。

人々が、自分は自由であり自主的であると信じ込むうちに、耳がすべてを受け入れてしまい、国家権力が人々を順応させる、とデリダが書いたのは一九七〇年代である（デリダ『ニーチェの耳伝』）。フーコーが現代を監獄のような監視社会と規定したのも、同じころだ（フーコー『監視と処罰──監獄の誕生』）。さらにさかのぼれば、カフカが『城』等で権力の監視をすでにテーマにしているし、ウィーンに爛熟した文化が溢れたビーダーマイヤー期も大変な監視社会で、五重、六重の検閲下に市民は弾圧され、詩人たちは象徴法によってくぐり抜けていた。

このオペラの内容は最先端ではなく、極めて伝統的、古典的なのである。それが再び訴えられなければならないところに、大きな問題がある。

オペラ《茶色の朝》がフランスで初演されたのは二〇一八年だが、この作品を最先端の領域に閉じ込めず、〝草の根オペラ〟として、できるだけ多くの場で再演してこそ、監視社会への告発が力を持つだろう。すべてが一色に染まると、犬も猫も、いずれ人間も、見分けがつかなくなる。

上演の翌朝、散歩していると、まるで私がこのオペラを見たことを知っているかのように、白と黒の犬が飼い主に引かれて、交互に連続して通り過ぎていった。

日常の歌のままに

ウィーン・フィルの《グレイト》

2021.12.19

特別なものは、特別ではないものから生まれている。ウィーン・フィルの演奏に接して、つくづくそう思った。

コロナ禍を押し切って、ウィーン・フィルが十一月三日から十二日まで日本公演を行った。合間の十日、メンバーの六人が都内の桐朋学園大学宗次ホールで室内楽のクローズド公演を行った。聴衆は学生が中心。ヴァイオリンはウィーン・フィルでも一、二の在籍の長さを持つミラン・セテナと、女性に門戸が開放されてから入ったカタリーナ・エンゲルブレヒト。ヴィオラとチェロはそれぞれ首席のトビアス・リーとタマーシュ・ヴァルガ。それにクラリネットのダニエル・オッテンザマーとフルートのカール＝ハインツ・シュッツ。

モーツァルトの《クラリネット五重奏曲》の第一楽章冒頭、その場の空気、光の具合から弦の和音が自然に生まれるように、そして場の流れをふと変えるように、優しく歌いかけてくる。弦のフレーズに答えて溶け込むオッテンザマーのクラリネットのやわらかい音に歌が満ちる。どこで息をしているのか、息遣いで流れを阻害しないフレージング。クラリネットでここまで、と思わせる極小のピアニッシモは、風の微細な動きのよう。チェロのヴァルガなどほかのメンバーも傑出した技術を持ちながら、それを誇示することなくさりげなく自然に協和する。

それらが第一ヴァイオリンのミラン・セテナのやわらかいひそやかな、あまりにも美しい音楽から生じているように聞こえる。この白髪のヴァイオリニストをこれまで知らなかったので、同行していたフロシャウアー団長（ヴァイオリン）に聞くと、オーケストラでは第一ヴァイオリンの四プルト（やや後ろのほう）に座っているとのこと。「セテナはとても音楽的なのに、いつも自分の演奏について、うまくいかなかった、だめだった、と悩んでいる」と明かしてくれた。

終演後、感激して楽屋に行き、とりわけセテナに絶賛の言葉を重ねると、嬉しそうではあったが「ホールの音響が素晴らしいから」と、決して自分の手柄にしない。このカルテットは常設ではなく、ウィーン・フィルではいつでも誰とでも組むのが流儀とのことだった。確かにモーツァルト《フルート四重奏曲第一番》も《弦楽四重奏曲「不協和音」》も、誰と誰が特に仲が良いということもなさそうに、しかしさりげなく互いに敬って、楽しんでいることが伝わってくる。

翌十一日、サントリーホールで、ムーティ指揮の公演が行われた。昨日のメンバーも団長を含め全員座っている。確かに四プルト目に白髪のセテナがいる。

とりわけシューベルト《交響曲第八番「グレイト」》に歌があふれていた。ムーティは自由にテンポを動かすが、誰もが意図的にならず、嬉しくても悲しくても歌が出るシューベルトの日常を自分たちの日常の音にしている。

それが昨日の室内楽と全く同じであることに気づいた。どのフレーズをとっても、誰にも自己顕示がなく、隅々まで自然に息づいている。これほど日常の何気ない、しかしそれだからこそ大切なものに《グレイト》はあふれていたのだ。この曲の真価が身近になった。

フルトヴェングラーの〝第九〟

想像の集積する場

2022.1.16

オミクロン株の急拡大を受けて、コンサートが次々に中止されているためか、かつてのコンサートのライヴ録音がCD化されている。大きな話題をさらったのは一九五一年七月二十九日、バイロイト音楽祭で上演された伝説の名演、フルトヴェングラー指揮のベートーヴェン《交響曲第九番「合唱」》。当日、ラジオによってヨーロッパに生中継された放送録音が、BISによって新たに発見され、CD化されたのである。

アナウンサーの声に続いて拍手から始まる録音は、オーケストラのピアニッシモによる神秘的な空虚五度から、やがて響きが確立され、時間が生まれてくる現場に立ち会う感覚に巻き込まれる。人の問いが錯綜するような第二楽章。そして、ゆっくりと人生を振り返る第三楽章を聴いていると、不思議なことに各パートの響きが水に絵の具を流したように互いに溶け込んでゆく錯覚にとらわれる。バイロイトの劇場空間の音響を元に湧き上がる幻想だろうか。それだけに終楽章の炸裂から声、合唱の導入は新しい世界を予感させる。しかし指揮者、演奏家だけでなく、ここで拍手している人、セキをしている人のほとんどはすでにこの世にいない。

実は、この中継録音は複数の版がある。まずEMIからLPとして一九五五年に発売され、極めつきの名演として、長年、支持されてきた。その後、EMI版とは別に、元の放送音源を探しだしたとしてドイツ・オルフェオから二〇〇七年にCD化され、オルフェオ版とEMI版の真贋論争が起こった。EMIからは、指揮台に上るフルトヴェングラーの靴音を加えた別ヴァージョンも出て、当日の演奏の証拠とされた。

そして今回のBIS版である。これには靴音は入っておらず、基本的にオルフェオ版と同じである。それによって、EMI版はおそらく、当日の実演とそのリハーサルの録音をミックスしたものだったのだろうと推定される。リハーサル録音を入れて整える方法は珍しいことではなく、これはEMI版を貶めるものではない。

ではなぜ大きな論争になるのか。そこに図らずも実演と録音を通して聴くことの違いが浮上する。「ライヴ録音」は当日の演奏家と聴衆の興奮状態が生み出す特有の熱気も伝えている。それでも、実演とどこか違うとしたら、それは、そのときその場に演奏家と共に一緒にいた、という存在の共有感がないことであろう。時空を共にすることから生まれる想像力が空気のように、音楽に加わる。それゆえに録音においても、より実演に近い録音は演奏に傷があっても意味を持つ。

新型コロナウイルスに対応して技術が進み、当初は画像と音がずれ気味であったオンラインも、5Gになって極めてスムーズになった。より技術が進めば目の前で演奏しているものと変わらなくなると思っていたが、このフルトヴェングラーのライヴ録音を聴くと、録音技術の問題だけではないことが分かる。その場を共有しているという感覚も、その場の想像ではある。しかし目の前の他者によって互いに引き起こされる想像である。人は想像によって生きている。

コンサートとは、人の想像の集積する場なのであろう。

「現代音楽×能」

輪廻する賢治の精神

2022.2.20

宮沢賢治が亡くなる前に書いた『疾中』所収の『丁丁丁丁丁』と題する詩は、内容も見た目も奇妙な作品である。「ちょう」と読むのだろうが、最初に〈丁丁丁丁丁〉と丁の字が五つ縦に並んで、二行目もそれがそのまま繰り返されている。そのあと〈叩きつけられてゐる　丁〉とまた二行繰り返される。しかも最初の二行は見た目が上から五字分あいて始まっており、続く二行とは段差を付けた字組みになっている。

目で追ってゆくとうねるように高低を繰り返す二十一行の詩に、「丁」の字が三十五文字羅列される。まさに「丁々発止」と「丁」が闘っているかのよう。詩の中心部には、括弧に入れて〈殺々尊々々〉など「尊」と「殺」を入れた四行が並ぶ。

解釈は多岐に分かれるが、感覚的には、鬱屈したものが噴出する際の閃光に見える。そこから、後半の「何か巨きな鳥の影」「海は青じろく明け」「もうもうあがる蒸気」「巨きな花の蕾」など脈絡のない、しかし色彩に満ちた言葉につながってゆく流れは、官能的でもある。

能声楽の青木涼子が企画する「現代音楽×能」のコンサートで、アムステルダム在住のイタリアの女性作曲家、シルヴィア・ボルゼッリが書き下ろした《旅人》が初演された（一月十二日、サントリーホール・ブルーローズ）。

テキストに『丁丁丁丁丁』を用いている。声は能の「謡《うた》い」というよりはリズム処理された断片として発声され、チェロ（上村文乃）の擦過音と増幅し、さらに青木が持つ扇子の開閉音も交錯し、響きの多声的な乱舞となる。それが拡散せずに内向してゆくように感じられるのは、まさに「ちょう」という発音とそこから目に浮かぶ字体の鋭さにもよるだろう。

会場では演奏が始まる前に、アムステルダムとオンラインで結ばれ、ボルゼッリが自作を語った。彼女は賢治のこの詩を「精神、病気、死に対する一種の戦いの言葉」として捉えていたが、現代の私たちにとっては、それはとりもなおさず世界のコロナ禍の現況への戦いとしてあるだろう。

賢治がクラシック音楽に深く傾倒していたことは知られているが、私見によれば、詩作に関しては、ドイツの詩人、アルノー・ホルツの影響を賢治は色濃く受けている。

一瞬、一瞬の出来事を秒刻みのように細密に描写してゆく秒刻体、擬音語・擬態語の多用、デザイン的な字の組み方など、ホルツの特質はまさに『丁丁丁丁丁』にも歴然としている。しかし、幻想への一途をたどってゆくホルツに対し、技法を援用した賢治は「心象風景」として、精神のリアリズムをぎりぎりまで追求する。そしてボルゼッリ《旅人》においては、精神に釘打つように刻み込まれる擦過音の羅列が、最後に、どこからか吹いてくる賢治の『春と修羅』の〈たび人／あめの稲田の中を行くもの〉の詩句によって、幻想と溶け合う。

それは、自然を精神で濾過して音と詩の交響にする賢治の試みと二重写しになり、ヨーロッパから日本へ、そして日本からヨーロッパへという精神の輪廻を見るようであった。

世界の精妙な響き

吉野直子のハープ・リサイタル

2022.3.20

日常で私が耳にしている音は限られている。パソコンのキーを叩く音、タイヤが道路をこするきしみ、電車の轟音とホームの雑音、テレビでけたたましく音量が上がるコマーシャル……。たまに海辺の潮騒や山で鳴く鳥、吹く風に応える梢のざわめきを聞き、自分の耳が日ごろいかに偏った音に占められているか、気づかされる。

世界の多様な在り方を響きで表現しようと、音楽にかかわる人が、さまざまに彫琢を重ねてきたことは頭に刻み込まれているが、コンサートにおいて、響きそのものに世界の本質を感じることは少ない。

吉野直子のハープ・リサイタルを久しぶりに聴いた。毎年一回開かれているが、今年は初めてアンサンブルを加えたという（二月十二日、サントリーホール・ブルーローズ）。その響きのまさに多様なことに、耳を開かれた。同時に、現代の演奏界の多くが、ピアノによって響きのバランスが形作られがちで、自分の耳の支点もそこにあることを、改めて痛感した。

一曲目は、ヴァイオリンの白井圭、チェロの佐藤晴真が参加したイベール《三重奏曲～ヴァイオリン、チェロ、ハープのための》。

繊細な響きが紡ぎあい、すべてがやわらかい。不思議なことに、ハープとの対比において、ヴァイオリンもチェロもなぜか異なった響きに聞こえる。おかしな言い方をすれば、ヴァイオリンはいつもよりヴィオラに近く低めの楽器に、チェロはいつもよりヴィオラに近く高めの楽器に聞こえて、相互に溶け合う。

吉野が導き出すハープは、初めからヴァイオリン、チェロと一体となった音の野に居る。三つの楽器の絶妙のバランスにおいて、アンサンブルに深い遠近感が生まれている。これが現代のコンサート・ピアノが加わったアンサンブルであれば、どれほど一体感を醸し出す演奏であっても、楽器同士のバランスが極めて難しく、溶け合うにしても、まずは対峙しがちになる。

ハープ特有の装飾的なパッセージも、吉野は装飾と感じさせず、音が異なる野へ飛び立つざわめき、違う世界への幻想として、聴き手を引き入れる。粋で軽妙なイベールが、軽薄にならない。第二楽章のアンダンテ・ソステヌートは、切ない夢を見ることで一体となりながらも、三者三様に歌われた。

続くハープ独奏はサンカン《主題と変奏》、サン゠サーンス《ハープのための幻想曲》、マレスコッティ《ムーヴマン（動き）》など、華麗な運指でにぎやかな響きを繰り出すなかで、音の底には静けさが満ちる。始まりが森に落ちる雨のひとしずくの音に聞こえるトゥルニエ《森の中の泉のほとりで》は、やがて空気のきらめきと音が溶け合い、森の香りが匂い立つ。

最後に再び白井と佐藤が加わり、ルニエの《三重奏曲》。弦を押さえつけない白井の奏法、佐藤の傑出した和声感覚が吉野に作為なく統合され、スケルツォにおいてはまるで神の細工を見るように、この世界の精妙な響きが映し出された。

バス・バリトン、シリンスのリサイタル

ロシア歌曲は是か非か

2022.4.25

コロナ禍、ロシアのウクライナ侵攻と、外国の演奏家が来日しにくい状況が続く。三月十八日から四月十九日まで東京・上野界隈で開かれた「東京・春・音楽祭」も、関係者の苦労はいかばかりであったろうか。

コロナ感染対策上、声楽がいちばん公演しにくいがゆえに印象度が強い、という背景を割り引いても、音楽祭の中でワーグナーの《ローエングリン》は、声の魅力を際立たせた（三月三十日、東京文化会館）。

ブラバント公国の継承を巡って奸計に陥れられたエルザを、白鳥に引かれて登場する騎士、ローエングリンが救済する夢幻的なストーリーは、どのような演出、舞台美術をつけるかが見せ所になる。それいかんで観客は陶酔もするし興ざめもする。今回のように演奏会形式では魅力が半減すると思っていたが、そうではなかった。ワーグナーがいかに精緻に声を組み合わせているか、改めて気づかされた。

傑出していたのは、低音から高音までムラなく美声が輝くエルザ役のオオストラム。主役たちのアンサンブルが見事で、第一幕の決闘前の五重唱など、ヤノフスキ指揮N響を背後に見事にバランスを取り、ワーグナーの思いもかけぬ繊細な音の震えを味わわせてくれる。大団円は声の豪華な饗宴以外の何物でもなかった。

この舞台で曲者《くせもの》のテルラムント役を好演したバス・バリトンのエギルス・シリンスが四月一日、東京文化会館小ホールで歌曲の夕べを開いた。ピアノはマールティンシュ・ジルベルツ。この音楽祭はオペラだけでなく歌曲シリーズを大事にしているところも魅力である。

ラトビア出身のシリンスは母国の作曲家、エミールス・ダールジンシュの歌曲を入れ、チャイコフスキー、ラフマニノフ、ムソルグスキーなどロシア歌曲がプログラムを占める。深い声に加えて、高音もやわらかくきめこまやかで、森のようなロシア歌曲の奥行きを感じさせる。

聴衆は少ないが、熱烈な拍手を送っている状況が生まれており、そこにロシアによるウクライナ侵攻の影響を感じた。ロシアに隣接するラトビアもまた侵攻の恐怖を肌で感じているに違いない。親ロシア派と親ＥＵ派が争っている国でもある。ラトビアの歌手が歌うロシア歌曲はどういう意味を持つか。

欧米でロシア人指揮者、あるいはロシア作品のプログラム等が相次いで拒否されている。それはロシアの文化としての音楽、音楽家を否定することにつながるのではなく、あくまでも今ウクライナで行われている虐殺に対して抗議する政治的な意思表示であろう。無論、芸術は芸術である。しかし、演奏会が行われれば社会性を帯びざるを得ず、芸術にだけ特権が与えられるわけではない。

今回、ラトビアの歌手がロシア・プログラムを歌うことによって、音楽と政治の問いを明確にしてくれた。答えは二者択一ではない。それぞれが答えを模索するほかないように思える。しかし、立場によって相手の考えを否とすることは避けたい。

ふらんすへ行きたしと思へども

相次ぐ日本人若手演奏家のコンサート

2022.5.23

過ぎ去りし日の詩句と思っていた萩原朔太郎の〈ふらんすへ行きたしと思へども／ふらんすはあまりに遠し〉が口をつく。

コロナ禍に加え、第三次世界大戦すら予感させるロシアのウクライナ侵攻によって、来日演奏家は激減、飛行機もロシア上空を飛べないとあって、ヨーロッパは遠くなった。ロシア留学を目指していた学生も根本的な変更を迫られている。しかし、日本の若手演奏家にスポットが当たる明るい状況も生まれている。来日できなくなった演奏家のオーケストラの協奏曲の代演として、ホールの新たなリサイタル候補として。

日本のクラシック界は、舶来主義に徹していた。海外コンクールの入賞で「はく」を付け、ソリストとして活躍する細い道を開く。日本を本拠にする演奏家が大きな海外コンクールを制すると、以降の日本でのコンサートの枕言葉に「来日公演」と謳うことすらあった。海外のコンクール入賞○周年記念という珍妙なうたい文句も。周り全体が「はく」を利用してビジネスをしていた。

今回、ショパン・コンクールに入賞した反田恭平、小林愛実らはそれよりスマートに自らの才覚で次々に演奏会を行っている。それに引きずられ、またコロナなどの状況があいまって、日本の若手演奏家が大活躍する新しいシーンが生まれた。重要なことは、そこに自分の音楽観を持つ聴衆が登場していることだろう。

従来、大きな海外コンクール入賞組かもしくは美形以外、日本で演奏家として活躍する道は少なかったが、今、たとえばピアノの務川慧悟《けいご》を聴くのは彼がエリザベート・コンクールに入賞したからではなく、彼の音楽に打たれたからという層が多い。事実、このところ日本の若手の個性の発露には瞠目すべきものがある。ピアノの亀井聖矢《まさや》、ヴァイオリンの服部百音《もね》、北川千紗《ちさ》、小川恭子、チェロの岡本侑也《ゆうや》、佐藤晴真《はるま》……。その一人、ピアノの谷昂登《あきと》は十九歳。四月二十七日のトッパンホールでのリサイタルでは、シューマン《幻想曲》に多彩な音色で対旋律を活かした立体的な演奏を聴かせ、リスト《ピアノ・ソナタ》では超絶的なテクニックに物語性をくっきりと浮かび上がらせた。彼らを応援する聴衆の姿に、かつてヨーロッパでコンクールを経ずとも周囲によって演奏家として認められていった在り方が重なる。

理想的だが、一面、鎖国の懼《おそ》れなしとしない。音楽の考え方、感性は広い視野の中で洗われないと、独善的になりかねない。他国の演奏家、聴衆が今、何を考え、感じているか。日本独自の市場が生まれるのは喜ばしいが、「井の中の蛙大海を知らず」になっては元も子もない。世界とはネットで結ばれていると思いがちだが、音楽は対面で伝わるものが大きい。遠くてもフランスへ行きたいし、演奏家の来日も願いたい。

「井の中の蛙大海を知らず」には続いて「されど空の深さ（高さ）を知る」とも加えられている。空は世界につながっている。その深さ、高さを知りたい。

アルゲリッチとクレーメル

怒りと慰藉と悲しみと

2022.6.27

コロナ禍のために延期されていたアルゲリッチ（ピアノ）とクレーメル（ヴァイオリン）のデュオ、それにディルヴァナウスカイテ（チェロ）を加えてのコンサートは、ようやく東京・サントリーホールで開催されたが、新たにロシアによるウクライナ侵攻という凄惨な事態の渦中に入り、当初の計画とは曲目も大きく変わった（六月六日）。

冒頭、クレーメルによる無伴奏が二曲。まずジョージアの作曲家、イーゴリ・ロボダ（一九五六〜）が前のウクライナ紛争時に作曲した《レクイエム》（二〇一四年）。

今回は「果てしない苦難にあるウクライナに捧げる」との言葉がプログラムに添え書きされていた。ラトビア出身のクレーメルのやむにやまれぬ思いだろう。短調の静かな重音を基本にした曲に、クレーメルの刺すような鎮魂が染み渡る。この曲が、今再び時宜を得る現実に改めて愕然とせざるを得ない。

二曲目はまさに今年三月、キーウからベルリンへ脱出したウクライナの作曲家ヴァレンティン・シルヴェストロフ（一九三七〜）がベルリン到着直後に書いた《セレナード》（原曲ピアノ）。ウクライナの民族音楽を元にしたやわらかな和声がただよう。優しい感情が満ちるだけに、悲しみが深い。最後はピチカートが続き、クレーメルが弦をはじくたびに静寂が現れて、永遠に帰するように終わる。

続いてユダヤ系ポーランド人、ミェチスワフ・ヴァインベルク（一九一九〜一九九六）の《ヴァイオリン・ソナタ第五番》。彼もまたソ連当局から死刑宣告を受けた苦難を経ている。

ここで登場したアルゲリッチは、作品が要求する精神性に基づいて、多種多様な色を響かせる。きらびやかな音もやわらかな音もそこにいささかの自己顕示もなく、作品に沿って、自然で、無垢。しかし、第四楽章に現れるピアノ独奏は、あたかもウクライナ侵攻への怒りを爆発させるかのように鋼鉄の音で叩きつける。

その対峙の仕方は、プログラム最後に置かれたショスタコーヴィチ《ピアノ三重奏曲第二番ホ短調》でも変わらず、死に近づくような曲のなかにあって、第三楽章冒頭のアルゲリッチの和音の打鍵には、この世界を引っ張る彼女の強い意志が現れる。それに対置されることで、クレーメルの静かに沈む音が、さらに切ない感情を呼び起こすとともに、凄みを増す。

休憩後に挟まれたアルゲリッチの独奏（シューマン《子どもの情景》の《見知らぬ国から》、バッハ《イギリス組曲》の《ガボット》、スカルラッティ《ソナタニ短調》）は、絶望している人類への、しばしの究極の慰藉に思えた。

トリオによるアンコールも至福をもたらせた。ロボダのタンゴ《カルメン》で粋を極めたのち、シューベルト《君はわが憩い》では、三つの楽器のピアニッシモの音が、それぞれ問いかけるように天上へ消えた。

コロナ後に初来日したギュルツェニヒ管

日常と非日常は互いに互いを否定しない

2022.7.25

中世の一四〇〇年代にドイツ・ケルンで舞踊会場として建てられたギュルツェニヒホール。石を積み上げたゴシック様式のファサードが街の中から生まれたかのように周囲に溶け込む。ホール内の奥行きがありすぎて、奥で聴くと響きが二度打ちになるのに驚くが、残響はやわらかい温かさに満ちている。当初、貴族の仮面舞踏会など非日常の場であったが、やがてカーニバルの拠点ともなりすっかり市民のものになった。

ここを本拠にするケルン・ギュルツェニヒ管弦楽団も、庶民のオペラ（ケルン市立歌劇場）のピットに入るなど、日常に即している。

フランソワ＝グザヴィエ・ロト指揮のケルン・ギュルツェニヒ管が初来日した。一八二七年創立で初来日とは意外だが、もともと非日常的な外国公演をするオーケストラではない。また、日本人エキストラも多かったが、コロナ後の海外オーケストラの来日としても事実上、初めてとなった。

東京オペラシティでの公演（七月三日）は、初めにモーツァルト《ピアノ協奏曲第二十番ニ短調》。かすかなピアニッシモで奏でられたオーケストラの前奏を耳が吸い込む。古楽器をとりまぜ、ノン・ヴィブラートを基本に、ロマン的な装いを取り去った最弱音が、秘められた劇性を醸し出す。

共演の河村尚子も意匠を主張せず、むしろ自分の色を消した音で進む。この曲にさまざまに込められてきた思い入れが取り払われ、劇性のみが浮かび上がる。鮮烈な訴えを表出するモーツァルトの思わぬ一面が開かれた。可愛らしく踊り出た第二楽章も、ピアノ、オーケストラ共にモーツァルトの茶目っ気をことさらには見せず、中間部の激しさが真っすぐに出る。化粧を落としたモーツァルトを聴いた。

後半のブルックナー《交響曲第四番変ホ長調「ロマンティック」》も冒頭、ピアニッシモを極めた響きが緊張を生み、ゆったりとしたホルンが風景を変える。ここでもロトは過剰な色をつけず、各パートの声部を的確に浮かび上がらせ、後打ちのリズムで快く前進させる。音楽の生理とオーケストラの生理に沿った自然な感覚によって音が息づく。第二楽章もきめこまやかな音の中で、第一ヴァイオリンの横に並んだチェロ・パートがおおらかにテーマを歌う。

ブルックナーの初稿（一八七四年）を用いたこの日の演奏は、第三楽章が通常と大幅に異なった。第二版以降差し替えられた「狩りのスケルツォ」は印象的なリズムで耳を奪うが、初稿では第一楽章冒頭に応じるようにホルンが画然と開始を告げ、オーケストラが答える。その形が繰り返されるうちに次第に哀感がただよう。未整理とも言えるが、ロトは原型に透徹した視線を当てる。この初稿がまさに日常に根ざしている気がした。日常と非日常は互いに互いを否定するものではないだろう。

ギュルツェニヒホール入口の、歴史が染みこんで黒ずむ大きな木の扉を思い出した。

透明な祝祭

チョ・ソンジン　ピアノ・リサイタル

2022.9.26

透きとおった音とはどういうものなのだろう？

絵画や映画など、目に訴えるものでは、透明という感覚は分かりやすい。たとえばルノアールの『雨傘』。パリの通りにひしめく紳士淑女が描かれて、ほとんどの人が青い大きな傘を差している。連なる傘を俯瞰する一方、買い物籠を腕にかけた若い女性、彼女に背後から話しかける帽子を被った男性、フープを持つ女の子、着飾った貴婦人などは真正面から描かれており、角度としては理に合わない。それでも立体的に感じるのは、画面左側の若い女性などがくっきりしているのに対し、右側の子どもなどがベールに包まれたようにやわらかく、その深浅の対照が遠近に通じるのだろう。

日常描写の中に、表現の希求が満ちている。街路樹の頂を超えて薄曇りの空も少し見える。雨は描かれていないが、皆が傘を差しているのは、降った直後か、霧雨なのか。描かれていない雨が見えてくる。街並み自体が、雨の水滴に浮かぶ。透きとおってゆがんだ像。

透きとおるのは雨粒とは限らない。

ロシアによるウクライナへの侵攻で、最近、テレビで復活放映されたイタリア映画『ひまわり』。第二次世界大戦でロシアに出征した夫（マルチェロ・マストロヤンニ）を、戦後、探しに出かける妻

（ソフィア・ローレン）は、別の女性と家庭を持った夫を見てしまう。探すさなか、木を十字に組んだ簡素な墓標が立ち並び、ひまわりが咲く広大なウクライナの野に迷い込む。列をなす墓標と、こちらに大きな花を向けて延々と続くひまわりは、状況と正反対に、どこまでも明るい。光に満ちあふれた青空に、乾いた悲しみの結晶が透きとおる。

二〇一五年のショパン国際ピアノコンクールに優勝したチョ・ソンジンが久々に来日した。東京オペラシティでのリサイタル（八月二十五日）は前半にヘンデル《クラブサン組曲第一集》から二番と八番。ブラームス《ヘンデルの主題による変奏曲とフーガ》。後半はシューマンの《三つの幻想小曲集》と《交響的練習曲》。

水がしみいるように始まったヘンデルは、にぎやかな音になっても決して濁らない。対位法の面白さだけでなく、シンフォニックに音のさまざまな色があらわれる。自己顕示がなく、修道僧のごとく音楽に尽くす姿は、やがて音楽自体の喜びを呼び、透明な祝祭となる。同じヘンデルを主題にしたブラームスでは、固有のリズムを強調。これもまた愉悦を生む。

後半のシューマン《三つの幻想小曲集》では、一曲目は会場全体が夢の中にいる。二曲目は透明な水滴そのもの、三曲目で構造を浮き彫りにして統合される。《交響的練習曲》はテンポを動かすことで、音楽の奥行きが作られてゆく。それによって次々に訪れる変奏が壮大な音楽空間になり、プログラム全体が「救済」に至るように感じられた。

ひたすらに表現を希求することで、突き詰めたものが透きとおってゆくのかもしれない。

プレガルディエンとゲースのシューベルト三大歌曲集

コピー時代に問う歌曲デュオ

2022.10.24

クラシック音楽の中のジャンルにも、はやりすたれがある。ドイツ歌曲に関してはフィッシャー＝ディースカウ、プライ、シュライヤーら不世出の歌手が一九八〇年代に大活躍し、来日公演も多かった。各自が個性的なプログラムを展開し、刺激し合ってもいた。

現代で、往年の輝きを継いでいるのは、クリストフ・プレガルディエン（テノール）とミヒャエル・ゲース（ピアノ）のデュオであろう。

彼らがシューベルトの三大歌曲集《水車屋の美しい娘》《冬の旅》《白鳥の歌》を一日おきに公演する大型企画が東京・トッパンホールで行われた（十月一、三、五日）。時間的に短い《白鳥の歌》にはベートーヴェンの歌曲集《遥かなる恋人に寄す》とブラームスの歌曲がいくつか加えられていた。

二人の特質は、一回限りの舞台に演奏の本質を見ることにある。ベートーヴェンから始まった第一日、冒頭の《僕は丘の上に腰を下ろして》のピアノ前奏から、会場の響き、ピアノの特性、自分たちの状況すべてに最良の答えを目指しているのが分かる。その結果、ゲースは低音を聞こえないほどに抑えて旋律線を浮かび上がらせ、最初の声と見事なハーモニーを醸し出す。その時、その場でしか伝わらない音である。

《白鳥の歌》は、テクストの詩人の違いに沿って二群に分けて演奏された。休憩前のレルシュタープの詩による七曲では、突出して有名な《セレナーデ》が、全体の中の一頁として、かすかなため息のように表出される。それゆえに後に来る《遠い地で》において、疎外された絶望の深さが刻印される。《セレナーデ》がしばしば行われるようにあまりにも甘く歌い上げられると、歌曲集の流れの構造が壊れてしまう。プレガルディエンとゲースは、この世界から逃げてゆく者を歌う《遠い地で》に巨大な音楽づくりを試み、シューベルトにおける詩の解釈に深い視線を当てる。

第二日の《水車屋の美しい娘》も流れの構造を明らかにしながら、一方、声とピアノは互いに即興的に仕掛け合う。終曲《小川の子守歌》では、入水した徒弟の心の波紋や物理的な水の騒乱を表すかのようにピアノはペダルを多用し装飾音を数多く投げ入れ、声もそれに応える。現行の楽譜にはない音だが、装飾が常であったシューベルト時代のフォーグル版の由来を考えれば、伝統的ですらある。

しかし彼らに学問的な探求のみを目指す姿勢は見られない。たとえば第三日の《冬の旅》では、曲集の背後に隠れている「疎外」を、現代の角度から強調する。自筆譜の原調にもこだわらない。今、そのとき限りの演奏として燃え尽きる。

それは、一つのものが一瞬にコピーされて世界中で共有される現代に、ひとつひとつの個、一回一回の演奏がいかに大事か、改めて問いを突きつける。

パイク、エマール、シフ…

演奏界に本質志向の兆し

2022.11.28

何かが変わろうとしている。少なくともクラシック音楽の演奏界で、変化の胎動を確実に感じる。演奏家の志向性なのか、それを支持する聴衆の傾向なのか、おそらく両者があいまって醸し出す雰囲気だろう。

動こうとしているのは、直球勝負の本物志向と言えばいいだろうか。小細工をせず、最新の傾向にむしろ背を向け、信じるところを混じりけなく、臆せず打ちだそうとする意欲が集まり始めている。

背景としては、コロナ禍でSNSが圧倒的に進化し、逆に演奏の原点である、人と人が対面する価値が改めて認識されたことがあるだろう。無数にコンクールが増え、どのようにしたら聴衆を感動させられるか、いかにして演奏をビジネスにできるか、情報を利用した宣伝が蔓延していること。他にもさまざまな原因が考えられる。そうした最新の傾向に違和感を持つ聴衆が、愚直なまでに本質を追求する演奏こそを求めているとも言えよう。

たとえば韓国出身のピアニスト、クンウー・パイクがグラナドス《ゴイェスカス》全曲を取り上げたリサイタル（十月二十七日、王子ホール）。一時間を超える全曲が演奏されることは滅多にない。

その演奏は、手の込んだ計算をせず、堂々と自ら信じる旋律線を打ち出し、その濃淡がさまざまな階層を生み、立体的になる。音に一瞬の緩みもないが、精緻、あるいは作られた感触はなく、巨木のよう。抒情的な《窓辺にて》も脆弱ではなく、大地の夕闇や残光の茜色が忍び込む。実直に旋律を歌わせる《愛と死》(バラーダ)が染みてくる。

あるいはフランスのピアニスト、ピエール＝ロラン・エマールが三時間半かけて(休憩を含む)メシアン《鳥のカタログ》全曲を弾ききったコンサート(十一月三日、東京オペラシティ)。キバシガラス、イソヒヨドリ、ダイシャクシギなど何十種類もの鳥の鳴き声の迫真の音形を通して、聴き手は自然の風、光の変化、葉の緑、宇宙の青と一体化する。

また、オーストリアのピアニスト、アンドラーシュ・シフが曲目を事前に発表せず、舞台で語りながらやはり三時間半かけて(休憩を含む)行ったリサイタル(同一日、東京オペラシティ)。なによりも、その時、その場で湧き上がってくる聴衆との交流をひたすら追求していることを実感させた。

さらには、横浜みなとみらいホールのリニューアルオープンに沼尻竜典指揮神奈川フィルがR・シュトラウス《アルプス交響曲》を取り上げたことも特筆に価する(十月二十九日)。なかなか舞台に掛かからないこの曲の、深く、官能性に満ちた演奏を聴くことができた。

かつてなら売れ行きを心配して躊躇されたプログラムが今、敢行され、聴衆も支持する。この新たな胎動は、音楽、ひいては社会を、より本質的に揺り動かす要素を秘めている。

ノット指揮東京交響楽団の演奏会形式《サロメ》
見えないオペラを見る

2022.12.26

「見るオペラ」と「聴くオペラ」がある。「見る」と「聴く」が一体になるものが「オペラ」であることを思えば、妙な話だが、作品によって、どちらかの面が強く出て、それが本質になることがある。

R・シュトラウスのオペラ《サロメ》は、サロメがヴェールを次々に脱いで踊るシーンにクライマックスが置かれる。「見るオペラ」の極北とも言える。

ジョナサン・ノット指揮東京交響楽団が演奏会形式で《サロメ》を取り上げた（十一月二十日、サントリーホール）。世界トップクラスの歌手を揃えたとはいえ、オスカー・ワイルド原作の退廃的な《サロメ》に、舞台が付かない状況が想像できるだろうか？

ヘロデは兄を殺してガリラヤの領主になり、兄の王妃も奪い、その連れ子のサロメにも食指を動かす。ヘロデや王妃を非難して井戸に閉じ込められている預言者・ヨカナーンに興味を持ったサロメは、彼を引き出し、キスを求めるが、ヨカナーンは撥ねつける。

サロメに踊りを所望するヘロデに彼女は拒絶するが、「褒美に何でもあげる」の言葉に、七枚のヴェールを脱ぎながら踊る。褒め称えるヘロデに、サロメは「銀の皿にのせたヨカナーンの首」を要求する。預言者を殺害することを恐れたヘロデは必死に望みを変えさせようとするが、サロメは受け入れない。持ち込まれたヨカナーンの首にサロメはキスする。ヘロデは兵士にサロメの殺害を命じて去る。

オペラ《サロメ》には多くの映像がある。実演でもサロメがどこまで脱いだか、などともしい話題が沸騰することもある。今回、演奏会形式のため舞台装置もなく、《七つのヴェールの踊り》は管弦楽の演奏だけで進められた。だが、これまでに映像を含めドイツや日本の歌劇場で見たどの《サロメ》よりもおぞましく、人間の欲望の向かう先、聖と俗を分けることの意味・無意味、愛と欲の本質、権力と懐柔など多々考えさせられた。

全編、サロメ役のソプラノ、アスミク・グリゴリアンの歌唱が、演技を伴う以上に全舞台を包み込むほどの力をもって迫ってくる。彼女の声によって、華美に過ぎる王宮や、すえたにおいの漂う牢屋までが、目で見る以上に奥深く出現した。また、ヘロデの小心と権力にしがみつく欲望もテノール、ミカエル・ヴェイニウスの歌唱にすべて出ていた。踊りの付かないノット指揮東京交響楽団の《七つのヴェールの踊り》がいかに官能的であったことか。すべてが音楽と演奏のかき立てる想像力によっている。

映像を極めた現代は、いかなるものもすぐにネットで見ることができ、抽象的なことにまで〝見える化〟が求められる。しかし見えるもの以上に、見えないことによって、見えるものの本質が伝わってくることを改めて考えさせられた。すぐに見えることで想像力は確実に貧しくなる。それは、人の痛みに思いを馳せることの欠如にもつながる。今回の公演は、時代への反省を迫るものであった。

演奏様式、奏法の形を超える

庄司紗矢香とジャンルカ・カシオーリのデュオ

2023.1.30

冒頭、ヴィブラートをかけないヴァイオリンの素の音が風を切るように耳に入ってくる。やわらかな響きだが細い音ではなく、温かさを内に含んだ声にも聞こえる。そのあと弱音から思い切った激しい音が叩きつけられ、訴え掛けるような思いが表されてゆく。ヴィブラートをかけた優しい歌もある。それらのつながりのどこにも違和感がない。ピリオド（古楽）、古典、ロマン派の奏法・様式が、いとも自然に溶け合う。モーツァルト《ヴァイオリン・ソナタ第二十八番ホ短調》から庄司紗矢香とジャンルカ・カシオーリのデュオ・リサイタルは始まった（二〇二二年十二月十六日、サントリーホール）。

庄司はピリオド奏法のガット弦を用い、カシオーリはフォルテピアノ（一八〇五年、ワルターモデル）を弾く。フォルテピアノの小さな音でも、ヴァイオリンとのバランスは最適。互いに聞き耳をたて、こまやかな表情が互いの裏表になる。

作曲された当時の楽器を弾くピリオド奏法は、現代の演奏への反省として始まった。時代の流れと共に楽器の性能が変わり、現代では、作曲者が頭に描いていた音とかけ離れてしまった。また作曲者の原典に、勝手に手を加えたり肥大化し過ぎてしまったことへの揺り戻しもある。モダン楽器で行う歌わせ方や音楽づくりは当時の楽器では出来ないはずだから、作曲者が聴いていた楽器の規制に従えば、当時の音楽から大きく踏み出すことはない、とする考え方は理解しやすい。しかし、庄司の志向はそこにとどまってはいない。

ピリオド奏法は音楽が出てくる玉手箱ではない。時代を経て曲の精神が分からなくなっている現代の問題点が、表面の復古の形に隠れてしまう要素もある。

コロナ禍をピリオド奏法の研究に充てた庄司が投げかけてきたのは、演奏本来の自由な動きであった。まるで新たな楽器を得たように、自由を得ている。

《第二十八番ホ短調》の冒頭にこれほど激しく揺れ動く気持ちを表した演奏を、聴いたことがない。そこでは母を失ったモーツァルトと、コロナ禍とウクライナ侵攻の時代を経た庄司、カシオーリが話し合っている。第二楽章の哀切極まりないフレーズは、まるでモーツァルトが口ずさんでいるよう。続く《第三十五番ト長調》の終楽章に聞こえる哀愁は、一体どこから来るのだろう。二人はピリオドの形から大きく踏み出した先で、モーツァルトの精神に自らの精神をぶつけ、共鳴させている。

休憩後はC・P・E・バッハ《ファンタジア》とベートーヴェン《クロイツェル》。作曲家の型破りの革新に、改めて目を見張らされる。

形を守れば形が分かるだけである。ピリオド奏法の形を超えて、新たな精神をつかんだ二人が響かせる息遣いを、私たちは聴いている。生まれたばかりの、手つかずの音が震えている。

内なる殺意を問われる

ジュネーヴ大劇場・東京二期会共同制作の《トゥーランドット》

2023.3.27

ひとつの白い顔が、夜空を思わせる闇の上からふらふらと降ってくる。あちらへ揺れたり、横を向いたり。しばし、たゆたい、やがて、暗がりに浮かんだ舞台上の姫の格好をした胴体に、顔がつながる。

ジュネーヴ大劇場と共同制作した東京二期会《トゥーランドット》の主役、トゥーランドット姫のこの登場の仕方には驚いた（二月二十三日、東京文化会館）。

古代中国のトゥーランドット姫が、多くの求婚者に三つの謎を出し、答えられなければ首を切る、とこれまであまたの首を切ってきたストーリーを象徴しているのか。あるいはトゥーランドット姫が凶行に及ぶ背景に、慕っていた先代の姫が男に蹂躙されたことのトラウマがある、と示しているのか。切り離された顔によって、人の生の覚束なさが印象づけられる。

ダニエル・クレーマーの演出による舞台そのものは、チームラボのマッピングも加わり華やかな光がうずまく。まるで大型の花火が続けて炸裂しているかのようだ。踊りも多用され、中国人官吏のピン、パン、ポンも猥雑な動きを歌に絡ませる。

周りが派手であればあるほど、トゥーランドット姫の孤高が際立つ。姫に求婚する王子・カラフ役のテノール、樋口達哉がやわらかく甘い声で迫るのに対し、タイトルロールのソプラノ、田崎尚美がきつい力の発声をしたのは、ひとつには演出の意図にもよるだろう。

トゥーランドット姫を屹立させる演出は、カラフに死を賭してまで尽くすリュー（竹多倫子）の存在感に頼らない。それは、本来、このオペラが、けなげなリューを見せるセンチメンタリズムの内にあるものではないことを、明確にした。むしろこのオペラは、求婚者が次々首を切られることに興奮してやみくもに同調する無名の大衆の顔に恐ろしさを見ている。ディエゴ・マテウスのやわらかく求心力のある指揮（新日フィル）も寄与し、奇異で残酷な物語も、舞台上だけでなく、実際に起こり得ただろうと思えてくる。光うずまく舞台に興奮している私たちも、舞台上と同じように「首を切れ」と容易に叫びそうな気がする。《トゥーランドット》の本質として、内なる殺意を、今回の舞台から見つけられよう。

プッチーニは、リューの死を書いたところで未完のまま亡くなったため、以降は通常、アルファーノが補筆した版を用いる。今回は現代作曲家のベリオが補筆した版を採用したのも特徴。これもまた、センチメンタリズムを持ち込まない旗幟《きし》を鮮明にしていた。

最後に近く、マッピングによって美しいお花畑が全面に広がる中、トゥーランドット姫と王子・カラフが浮かび上がる。

光に満ちた舞台の華やかさとは裏腹に、舞台の上から無数の顔が静かに舞い降りてくる暗い幻想がよぎった。

低声を復権させた《冬の旅》

タレク・ナズミとゲロルト・フーバー

2023.4.26

声の種類によって歌の印象は変わる。同じ曲を歌っても、女性の声と男性の声、男声の中でも、低いバスと高いテノールとでは、異なる曲にすら聞こえる。曲の特性や歌詞の主人公の性別によって歌い分けられてきたが、この棲み分けも、時代の反映によりかなり変わってきた。

ひとつには、ここでも男女の差をなくそうとする意識がある。社会から疎外された男性が主人公と思われるシューベルトの歌曲集《冬の旅》も、「人間が主人公」とすれば女性が歌うことも不思議ではない。

一方では、古楽器思想の影響か、作曲家が想定した原型を大切にするようになった。たとえば《冬の旅》はシューベルトがテノールを想定して書いたのだからテノールが歌うことが望ましいとする志向である。

ドイツの歌劇場で活躍するバス歌手、タレク・ナズミがピアノのゲロルト・フーバーと共に「東京・春・音楽祭」で《冬の旅》の一晩を持った(三月二十三日、東京文化会館小ホール)。

第一曲《おやすみ》から深々とした声に圧倒され、フィッシャー＝ディースカウ、プライなど、低声陣による重厚な歌唱が《冬の旅》を意義づけた一時期が思い出された。何よりもナズミが奥深い世界を劇的に押し広げるところに揺り動かされる。全二十四曲、休憩なしに歌われ、とりわけ後半は、声も艶が乗り、凄絶な孤独感と、人を包み込むような温かみの、矛盾する両方の要素が、渦を巻くように魅力的に開示された。

たとえば、彷徨の末に倒れてしまえば上空を追ってきたカラスが自分の体をついばむだろうと想像する第十五曲《カラス》。カラスに呼び掛けるナズミの深く重い声は敵意を含みながら愛情も紛れ込み、何かにせかされるようにアッチェレランド（徐々に加速）しクレッシェンド（徐々に音量増大）して、モノローグを地平に刻み込む。対照的に上空を旋回するカラスの羽ばたきを異様に美しく高音でたゆたわせるフーバーのピアノが、突然なだれ落ちてきて、実際に体をついばむ恐怖をもたらす。声とピアノの対峙と密なアンサンブルが緊張を生み出す。

続く第十六曲で一本の木の葉に望みを託す《最後の希望》は、まるで木のすべての葉をカラスが落としてしまったような虚無が感じられた。第二十一曲《宿屋》では、ピアノの上声部の旋律を印象的に浮かび上がらせるなどフーバーのリードもまた独自な寄与をもたらす。

最後の第二十四曲《辻音楽師》は、空虚五度を繰り返すピアノも、狭い音域の中の声も、淡々と進み、かえって不気味な世界を提示する。

ナズミの《冬の旅》は一見、時代の趨勢に沿っていないように見える。しかし、社会からの疎外を内面化した劇として幅広く表現し、バスの魅力と《冬の旅》の多様性に改めて引き込む一夜であった。

指揮者なしの「ウィーン・プレミアム・コンサート」

「ウィーンの音」の理由

2023.5.31

「ウィーン・フィルはいつでもウィーン・フィルである」と言われる。不思議なフレーズだ。おそらく、いつでもウィーン・フィルは最高の音楽を聴かせてくれるということだろう。オーケストラは日によっては出来、不出来があり、またメンバーにエキストラが多いときもあるが、ウィーン・フィルはそのようなことはないという意味だろうか。あるいは、指揮者が代わってもウィーン・フィルの音楽は変わらない、と皮肉まじりの複雑な意味を含んでいるのかもしれない。

「ウィーン・プレミアム・コンサート」が各地で行われた（四月）。ウィーン・フィルを主体とし、ベルリン・フィルや元カメラータ・ザルツブルクなどのメンバーも含めた特別編成のアンサンブルである。ウィーン・フィルのコンサートマスター、フォルクハルト・シュトイデがここでもトップを務め、指揮者は置いていない。多彩なプログラムが組まれていたが、四月十六日のサントリーホールではベートーヴェンの芯が貫かれていた。

前半に小菅優をゲストにベートーヴェン《ピアノ協奏曲第三番》。第一楽章からピアノと弦の前進力が、音への深い集中を呼び、緊迫した構成美を生み出す。第二楽章には演奏陣に対話の魅力が充溢《じゅういつ》する。オーケストラとピアノが互いに互いの支えに徹し、たとえば管楽器が旋律を奏でる際、伴奏に回るピアノに控えた美しさが極まる。決して互いに主を取ろうとしないかに見える音楽づくりによって、オーケストラの響きにピアノがにじむような繊細な絵が描かれ、世界がひそやかに広がる。第三楽章のリズムは軽やかにはねる。それだけにとどまらず、一瞬一瞬、日や影がかかり木々の葉の表裏のように世界が変わる。

プログラムの最後はベートーヴェンの《運命》。力感を必要とし、指揮者なしでは合わせるのも難しい。しかしこのアンサンブルは、構造の底に秘められた繊細な音を美しく示す。各奏者が自分の弾きたいように弾きながらも見事に合う。

ウィーン・フィルは弦のやわらかい響きですぐに「ウィーンの音」と分かる。弦を押さえつけずに発音し、無用な刺激をせず、会場の空気と優しく溶けあう。今回は異なるメンバーが入っても「ウィーンの音」を感じた。在籍が長いウィーン・フィルのメンバーの影響だろうが、それよりも互いが互いに徹底して聴き合うところに「ウィーンの音」が生まれるのではないだろうか。

指揮者の個性が音楽に重要な色を与えるのはもちろんだが、今回は指揮者がいないこともあって、いつも以上に互いに徹底して聴きあい、全員の望む音楽が生きたのだろう。

かつて初夏のウィーンで、夕暮れに菩提樹の大きな木を見上げた記憶がある。葉が覆い被《かぶ》さるように茂り、薄い白い小さな花が付いていた。その静けさを思い出した。

生きてこそ！ マルタ

「別府アルゲリッチ音楽祭」の東京公演

2023.6.28

「死ぬことは、モーツァルトを聴けなくなること」

よく知られたアインシュタインの名言である。読む人によって、ほかに好きな作曲家、バッハやラヴェルなどと入れ替えることもできるだろう。ただし、ここに演奏家を置き換えようとすると、齟齬《そご》を感じることもある。生きていても同時代に同じ場所にいなければ聴けないからだ。亡くなったピアニストのリヒテルはもう聴けない。録音は残っていても、コンサートでリヒテルはもう聴けない。

「別府アルゲリッチ音楽祭」の東京公演として、ピアニストのマルタ・アルゲリッチとディエゴ・マテウス指揮水戸室内管弦楽団の共演が行われた（五月十六日、東京オペラシティ）。アルゲリッチは最近、病を得た直後だが、まずは変わらない姿に安堵する。顔の右側に髪を長く垂らして舞台に出る姿は若いころからそのまま。以前「聴衆に見られるのが恥ずかしいから、客席側の右に髪を長くしている」と話していた。

アルゲリッチが弾くまでに三曲演奏された。冒頭のプロコフィエフ《交響曲第一番「古典的」》は、指揮のマテウスが〝古典的〟な要素を強調せず、抒情性をも出して、曲の清廉な面を切り開く。ストラヴィンスキー《プルチネラ》とコダーイ《ガランタ舞曲》では、水戸室内管の管楽器奏者が競争のように名技を披露した。

プログラムの最後にアルゲリッチが登場してラヴェル《ピアノ協奏曲ト長調》。ムチの音で始まると同時に入る第一楽章冒頭のピアノの速いパッセージが、ピアニッシモを極めている。まるでどこからか音が降ってきたよう。その中から生き生きとしたリズムが生まれてくる。突然、ピアノの音色が変わって憂いを帯びた訴えかけになる。そこのところの微妙な揺れ動きも相変わらずアルゲリッチそのものだが、それ以降も含めて、驚くほど以前と変わったとも言える。

それは、どこにも解釈が見えないことだろう。フレーズの絶妙な伸縮が、これまでと異なって「解釈」ではなく、なにか音が生き物のように自然に息づいている。第一楽章の聴かせどころのひとつ、トリルで上がってゆく、技巧の粋を集めたフレーズも、どこかけだるい、それでいて自然な歌になる。

第二楽章始めの延々と続くピアノ・ソロは、音が自ら生きて繊細な美しい絡みが広げられてゆく。そこにラヴェルの思惑もアルゲリッチの意図も感じられず、それでいてラヴェルであり、アルゲリッチ以外の何物でもない。一転して刺激的なリズムで走り回る第三楽章のなんと快速なこと。

ブラボーの大喝采に包まれ、指揮者と何やら長く話しながら舞台から引き揚げてゆく。すると、アンコールにもう一度、第三楽章！　しかも、さらに快速に弾きのける。管楽器にとっても難しいこの楽章を見事に二度くぐりぬけた水戸室内管弦楽団にも拍手。

「生きていることは、アルゲリッチを聴けること」と実感した。

あとがき

音楽について書くことに、時代情勢や社会の問題が反映されるのは自明のことと思っていたが、同時に、実際には、なかなか直接的に反映されるものではない、という気もしていた。両者は本来、水と油の要素があるので、意図的に反映させようとすることは、文章を瓦解させることにもなる。

本書は毎日新聞に連載している「音のかなたへ」と「コンサートを読む」(現在のタイトルは「コンサートからの問い」)の最新五年分余を収録している。自らまとめて読み返したところ、音楽の演奏や伝播がいかに社会的な事象であるか、文章に如実に反映していて、驚いた。その大きなものはコロナ禍とウクライナ侵攻である。ウクライナ侵攻は現在進行形であるが、コロナ禍は世界的に見れば、一応、終息した感がある。しかし、渦中においては、いかにそれが音楽にとって重いことであったか、私自身、思い返すよすがとなった。社会は悲惨に傷つけられても、往々にして、爪痕を残さず、人々も忘却する。特に日本の社会は「水に流す」傾向が強い。たとえば、その時点では何の説明も必要としなかった「我慢の週間」という言葉も、本書では註釈を入れなければ分からないほど、風化している。コロナ禍が音楽に及ぼしたこと、そこで見えた音楽における本質的なこと、得たもの、失ったものを、忘れずに、今後に生かしていかなければならない、と改めて念じた。

本書で社会事象が見えやすくなっているのは、新聞での連載順に掲載しているからでもある。二〇一七年から二〇二三年までの、まさにど真ん中の三年間はコロナに世界が苦しめられ、その間、クラシック音楽史上初めて、世界からコンサートがほぼ消えた時期すらあった。一九八七年以来の新聞連載をまとめた既刊・八冊は、エッセイの掲載順に関して、自らの考えで流れを作った。今回、名編集者、高梨公明氏から新聞連載順の提案をいただいた。氏の明察によって一挙に、時代の反映が見えやすくなった。

現在の出版事情は厳しい。刊行に至るまでに陰に陽に多くの方から助けて頂いた。そして何よりも、読者の方々のお手紙、メール、応援の言葉の数々に心うごかされてきた。この場を借りて、日ごろ言えない心よりの感謝を申し上げる。

二〇二三年七月二十八日

梅津　時比古

索　引
（人名・団体名）

＊1字下げは作品・著作・キーワード等。

初　出　毎日新聞連載
「音のかなたへ」二〇一七年六月二十八日～二〇二三年六月十八日
「新・コンサートを読む」二〇一七年四月十五日～二〇二二年三月二十日
「コンサートからの問い」二〇二二年四月二十五日～二〇二三年六月二十八日

プロフィール

梅津 時比古（うめづ ときひこ）

神奈川県鎌倉市生まれ。早稲田大学第一文学部西洋哲学科卒業。現在、毎日新聞特別編集委員、桐朋学園大学特命教授、早稲田大学招聘研究員。

フランツ・シューベルト研究、宮沢賢治研究、音楽エッセイ（批評を含む）を柱にしている。
・シューベルト研究は『冬の旅　24の象徴の森へ』（2007 東京書籍）、『死せる菩提樹〜シューベルト《冬の旅》と幻想』（2018 春秋社）、『水車屋の美しい娘〜シューベルトとミュラーと浄化の調べ』（2022 春秋社）がある。前二冊はドイツで翻訳され、Roderer Verlag より《哲学叢書》の第46巻、第53巻として刊行されている。*Symbole als Wegweiser in Franz Schuberts »Winterreise«* (2019), *Der sterbende Lindenbaum zu Franz Schuberts »Winterreise«* (2023).
・宮沢賢治研究は『〈セロ弾きのゴーシュ〉の音楽論〜音楽の近代主義を超えて』（2003 東京書籍、第54回芸術選奨文部科学大臣賞、第19回岩手日報文学賞賢治賞）。『〈ゴーシュ〉という名前〜〈セロ弾きのゴーシュ〉論』（2005 東京書籍、NHK 制定「日本の100冊」）がある。
・音楽エッセイ／批評は『フェルメールの楽器〜音楽の新しい聴き方』（2009 毎日新聞社、日本記者クラブ賞）、『音のかなたへ』（2017 毎日新聞出版）など、新聞連載を基にしたもの 8 冊、新聞以外のもの 3 冊がある。

音楽と思索の廻廊

2023年 9 月10日　第 1 刷発行

著　　者：梅津時比古
発 行 者：小林公二
発 行 所：株式会社 春秋社
東京都千代田区外神田2-18-6
電話　営業部　03-3255-9611
　　　編集部　03-3255-9614
〒101-0021　振替　00180-6-24861
https://www.shunjusha.co.jp/
印 刷 所：株式会社 太平印刷社
製 本 所：ナショナル製本協同組合
装　　丁：本田　進

定価はカバーに表示

ISBN 978-4-393-93610-8